国家出版基金项目
NATIONAL PUBLICATION FOUNDATION

"一带一路"法律保障研究丛书

丛书主编：许传玺

"一带一路"背景下WTO能源贸易规则研究

孙健 / 著

中国法制出版社
CHINA LEGAL PUBLISHING HOUSE

丛书序

许传玺

2013 年 9-10 月，习近平总书记在出访中亚和东南亚期间，先后提出共建“丝绸之路经济带”和“21 世纪海上丝绸之路”的倡议。2015 年 3 月，中国政府专门发布了《推动共建丝绸之路经济带和 21 世纪海上丝绸之路的愿景与行动》。作为我国最为重要的全球化发展愿景，“一带一路”倡议旨在秉持共商共建共享原则，完善双边和多边合作机制，推进同有关国家和地区在多领域互利共赢的务实合作，打造陆海内外联动、东西双向开放的全面开放新格局。

2017 年 5 月、2019 年 4 月和 2023 年 10 月，首届、第二届和第三届“一带一路”国际合作高峰论坛相继在北京举办，推动“一带一路”倡议全面实施落地。截至 2023 年 8 月，已有 152 个国家和 32 个国际组织与我国签署了“一带一路”合作文件，开展了 3000 多个务实项目，拉动了近 1 万亿美元投资，为全球共同发展开辟了广阔的空间，成为广受欢迎的国际公共产品。

为推动共建“一带一路”高质量发展，进一步加强各国政策沟通、设施联通、贸易畅通、资金融通和民心相通，法治保障是基础性的、必不可少的关键要素。在 2019 年 11 月和 2020 年 11 月两篇重要文稿中，习近平总书记明确指出，“推动共建‘一带一路’，需要法治进行保障”。只有通过营造良好的法治环境、构建公正合理透明的国际经贸规则体系，我们才能有效协调、规范各方行为，促进双边和多边合作，充分实现“一带一路”所倡导的全球化发展愿景。

为此，我们必须对相关国家和地区的法治状况进行深入、细致的研究，并在此基础上，健全完善法治营商环境，推动、保障双边和多边合作。目前，关于“一带一路”倡议的研究和讨论主要集中于国际政治、经济、文化等领域，对法律问题的研究仍然相对较少。实际上，法律的差异甚或冲突已经成为影响共建“一带一路”的重要因素。例如，有些非世界贸易组织（WTO）成员和/或尚未加入《承认及执行外国仲裁裁决公约》(《纽约公约》) 的国家，因其法律制度与实践不受国际通行规则约束，更易形成不同程度的不确定性，给双边或多边合作带来不利影响。在此背景下，我们迫切需要加强对“一带一路”法治保障的研究和优化。

加强“一带一路”法治保障研究的实践意义主要包括：

一、发现、协调和解决相关国家和地区之间的法律差异或冲突，消除国际投资及经贸合作等方面的法律障碍。如在贸易投资便利化、自由化方面，根据相关国家和地区的实际情况，通过协商，以条约或协议的形式，设定贸易投资便利化、自由化的目标，并具体确定消减贸易投资壁垒的时间表，明确相关权利义务，推动各方共商共建共享。

二、通过特定法律规则有效地克制和排除“一带一路”倡议中的政治、文化等干扰因素。作为一个如此庞大复杂的系统工程，“一带一路”倡议势必面临国内外众多因素的影响甚至干扰。只有通过明确、不易被随意更改或稀释的法律手段，对有关事项予以明确规定，并设置合理的实施机制，保障相关义务的严格、充分履行，才能最大限度地推动“一带一路”倡议。

三、通过议定具有法律效力的特定标准或协议，推动相关国家和地区完善各自的软硬件建设，使之符合“一带一路”倡议的要求。以交通基础设施为例，可根据各方经济发展、人口分布、资源条件、实际需求等，通过议定相关协议，确定其路线及站点分布、建设标准（如是否建设高速铁路，铁路轨距应采用宽轨还是窄轨）及建设进程等。

四、尽快设立涉及“一带一路”倡议的争端解决机制。通过“一带一路”倡议，相关国家和地区在基础设施的互联互通、贸易投资和金融的便利化与自由化等方面可以获得相当的利益，但同时也会对其相关权益作出一定限制，因而不排除由此产生各种分歧甚至争端的可能性。相关企业在市场化运作中也难以避免法律纠纷的发生。为此，必须尽快研究设立合理有效的机制，将参加“一带一路”倡议的众多主体纳入考量，通过合理有效的司法或仲裁等手段，及时调整、解决相关纠纷。

“一带一路”法治保障研究的理论价值主要包括：

一、着力构建“部门比较法”，推动比较法学向建设性和实践理性发展。“一带一路”倡议涉及众多国家和地区，在不同国家和地区甚至不同法系之间，法律制度和法律文化差异巨大。为有效协调、处理这种法律差异甚或法律冲突，必须将比较法的研究理念和方法运用到具体部门法之中，采用一种“部门比较法”的研究进路，开展更具建设性和实践理性的比较法研究，由此推动比较法学的深化与发展（参见拙著：《从实践理性到理性实践：构建部门比较法》，中国法制出版社 2013 年版）。

二、运用交叉学科的研究视角和方法，推动法学与其他学科——包括但不限于人类学 / 社会学、政治学、经济学、管理学、国际事务、系统科学、交通运输等——的相互启发、有益交流和良性互动，形成富有创新价值的理论成果和研究方法等。例如，借助法律人类学 / 社会学等相关理念与方法，我们可以在尊重现有差异的基础上，探索、寻求可以支持“一带一路”各方共商共建、保障各方互利共赢的法律基点，为全球治理体系的健全与完善作出理论和方法上的创新性、开拓性探索。

本丛书共组织了八个作者团队，从不同方面对“一带一路”法治保障问题进行研究与探讨。具体如下：

一、许传玺教授等的《“一带一路”法律供给机制研究》。本书是国家社会科学基金重大项目《“一带一路”战略下法律供给机制研究》（批准号 16ZDA063，立项时间 2016 年 11 月，首席专家许传玺教授）的研究成果之一，在考察法律供给原理、深入分析“一带一路”倡议实施所产生的法律需求的基础上，针对其中的法律供给重点问题，提出构建以“一带一路”新型法律共同体为基本框架的法律供给机制，以期为“一带一路”倡议实施提供有力有效的法治保障。

二、谢鸿飞教授等的《“一带一路”国家与地区的法律环境及风险防范》。

本书积作者多年的授课与研究心得，重点考察、分析了“一带一路”相关国家与地区的法律环境和法律风险，并就如何防范、化解相关风险提出了意见、建议。本书分三个部分，导论为“一带一路”倡议的内核与成就，上编为“一带一路”国家与地区的法律环境和法律风险，下编为“一带一路”国家与地区的具体法治状况。

三、孙健教授的《“一带一路”背景下 WTO 能源贸易规则研究》。本书是中国法学会部级法学研究重点委托课题《“一带一路”法律问题研究》（编号 CLS(2015)ZDWT52，立项时间 2015 年 12 月，主持人许传玺教授）的研究成果之一，认为我国应利用共建“一带一路”契机，积极参与 WTO 框架下国际能源贸易法制的构建，加强与现行国际能源治理机制的合作。同时，我国应继续完善国内能源法制体系，出台《能源法》，并尽快修订与能源贸易相关的法律规范。

四、韦华腾、江德平教授等的《“21 世纪海上丝绸之路”沿线国家或地区投资与建设法律制度问题研究》。本书是中国法学会重点委托课题《“一带一路”法律问题研究》（见上述）的研究成果之一，对“21 世纪海上丝绸之路”的投资、贸易、交通与基础设施建设、法律冲突、争端解决机制、法律保障机制构建及海上安全秩序、海上执法与司法保障等进行了集中研究，涵盖“海上丝绸之路”沿线多个国家与地区的法律法规、法律文化等相关内容。

五、车虎教授的《“一带一路”倡议下的东南亚数据保护》。本书重点梳理、分析了东南亚各国的数据保护情况，并结合东南亚与中国的经贸关系等，集中讨论了数据保护相关法律法规的作用与影响，为中国投资者赴东南亚投资提出了数据合规建议，涵盖新加坡、马来西亚、菲律宾、泰国等国家的数据保护法律概况、法律保护特点及相关重点案例等。

六、齐天励教授的《吉尔吉斯共和国海关法解析》。本书是中国法学会重点委托课题《“一带一路”法律问题研究》（见上述）的研究成果之一。我国与吉尔吉斯共和国在“一带一路”框架下携手推动了在经贸、基础设施、能源资源、加工业、数字化、旅游等领域的多项合作。本书对其《海关法》予以逐条解读，既阐释条文自身的涵义，也对条文在实际运用中需注意的事项予以讲解和提示，具有较强的实用价值。

七、陈波律师的《“一带一路”投资与贸易案例及风险防范》。本书对“一带一路”投资与贸易相关案例做了较为全面、系统的梳理，并在此基础上对如何防范和解决相关风险进行了研究和讨论，其案例主要包括 ICSID 国际投资案件、WTO 等国际组织类案件、国际仲裁类案件、境外法院类案件、中国法院“一带一路”经典案件等。

八、孙佳佳、李静律师的《“一带一路”投资争端解决机制及案例研究》。本书主要关注和研究中国投资者在“一带一路”相关国家和地区投资，如发生涉及征收补偿、投资待遇、税收等争议，如何依据双边投资保护协定、多边投资保护协定、区域性自由贸易协定等，寻求法律路径、有效解决争议，涵盖投资主体、权利保护、争端解决的程序、裁决的执行等全流程要素，力求为中国投资者提供争议解决的合理化建议。

在上述国家社会科学基金重大项目、中国法学会重点委托课题外，本丛书还获得了国家出版基金项目支持。在此特向上述相关机构和负责本丛书出版的中国法制出版社致以诚挚的谢意！

摘要

能源一直被誉为“现代经济的血液”。其实，能源不仅仅是现代社会经济发展的必需品，也与我们每个人的生活息息相关。可以说，能源成为现代人类生活不可或缺的一部分。各国自然资源禀赋的差异性导致了全球能源资源的地理分布极不均衡；同时，各国经济发展水平的不同也产生了对能源的不同需求，这些均导致国际能源贸易风起云涌。时至今日，国际能源贸易已经成为国际贸易中最为重要的一环。

鉴于能源的极端重要性，各国均力图将国际能源贸易的主动权控制在自己的手中，不愿也不敢将其让渡于任何一个国际组织或者统一的国际贸易规则的调整之下，这直接掣肘了全球统一能源贸易规则的建立。当然，随着国际法制的不断演进，国际社会也清醒地认识到了构建全球统一能源贸易法制的重要性及积极意义。因此，国际社会也曾为统一国际能源贸易法制的建立不断进行尝试和努力。但遗憾的是，现行国际能源贸易的法制图景仍可以形容为：九龙治水、各自为政；支离破碎、疲软无力。在现行国际能源贸易法制体制下，既有以控制产量、维护油价为目的而成立的组织，又有以干预石油供给的异动、提供国际石油市场及其他能源领域的统计情报为目的而建立的组织；既有试图构建全球统一能源规则的全球性能源组织，又有以地缘政治为标志而建立的区域性能源组织，还有国家之间通过谈判而缔结的双边贸易协定。可以发现：在这些目的各异、类型多样的国际能源贸易组织架构中，国际法制初级阶段的双边能源贸易协定是国际能源贸易领域法制的主流形式。很显然，这种高度“碎片化”的法制秩序无法调控“如火如荼的国际能源贸易市场”，国际能源贸易法制的这种窘境必将制约国际能源市场的健康发展，最终会危及各国试图维护的国际能源安全甚至全球经济稳定。

国际社会将国际能源贸易纳入多边贸易体制的夙愿由来已久。从第二次世界大战之后试图建立的“国际贸易组织”，到后来临时适用的关税与贸易总协定以及关税与贸易总协定主导的历次多边谈判，再到世界贸易组织的成立以及世界贸易组织启动的“多哈回合”谈判，有关国际能源贸易的议题数见不鲜。虽然受到各种力量的掣肘、面临各种障碍与困境，但是，多边体制下国际能源贸易的法制仍然经历了一个从无到有、从设想到实践、从不完善到逐步完善的过程。

WTO（世界贸易组织）被誉为“经济领域联合国”，其透明和民主的决策程序、完善的贸易规则体系、高效的争端解决机制不仅为全球经济的发展扫除了障碍，也为全球经济的繁荣注入了新的活力。能源作为商品的一种，其国际贸易也理应受到 WTO 规则体系的规制，现已提交至 WTO 争端解决机制的有关能源贸易的争端也说明了 WTO 体制可以囊括国际能源贸易。但不可回避的现实窘境是：因为 WTO 规则制定初期各成员以“君子协定”的形式回避能源问题，导致 WTO 规则没有充分考虑国际能源贸易的特殊性。因此，现行 WTO 规则不仅面临着调整国际能源贸易不周延的困境，也面临着与国际能源贸易不兼容的难题。

肇始于 2001 年 11 月的 WTO“多哈发展议程”谈判是到目前为止在多边贸易体制下目标最宏伟、参与方最多、议题最广泛的新一轮多边贸易谈判。虽然能源贸易没有能被单独列为一个议题，但是谈判伊始，有关能源贸易问题的谈判即在各个相关议题项下分别展开；后来，随着“多哈发展议程”陷入沼泽、举步维艰，有关能源贸易的议题也被认为是“非核心”议题而被逐步剥离；最后，与国际能源贸易相关的谈判仅剩下能源服务贸易谈判和生物燃料谈判两个主题项下的谈判。时至今日，随着“多哈发展议程”的搁置，包括国际能源贸易在内的其他议题的谈判也止步不前。

虽然在WTO体制下构建全球统一能源贸易规则的历程堪称命运多舛，但是历经多年的探索和比较，国际社会最终还是取得了“在WTO体制下构建统一的国际能源贸易规则体系是最为理想、最为便捷的选择”的共识。因此，探索在WTO体制下构建国际能源贸易法制规则必将是国际社会建立国际能源贸易法制新秩序的趋势和未来努力的方向。

通过对多边体制下有关国际能源贸易问题的研究，考虑国际能源贸易的特殊性，本书认为：可以借鉴WTO体制下已有的专门针对某一类特定产品而制定的多边协定（如《纺织品与服装协议》《农业协定》），甚至诸边协定（如《民用航空器贸易协议》《政府采购协议》）的形式，在WTO体制下制定专门针对能源问题的多边或者诸边性质的《能源协定》，以达到对国际能源贸易全面的、统一的调整。在WTO体制下制定《能源协定》既能够考虑能源贸易的特殊性，又能够兼顾能源贸易与其他类别的国际贸易的共性，这将是构建国际能源贸易法制最为理想的路径和选择。就《能源协定》的具体内容而言，在这一统一的法制框架下：首先，应当从能源贸易的特殊性出发，明确界定国际能源贸易法制的相关概念。如，与能源基本概念相关的初级能源、派生能源；与国际能源贸易主体相关的能源进口国、能源消费国和能源过境国；与能源贸易分类相关的能源产品、能源服务、能源技术等。其次，应当确立国际能源贸易的基本原则。如，能源主权原则、能源贸易自由原则、国际能源合作原则、国际能源新秩序原则等。最后，应当分别从国际能源货物贸易、国际能源服务贸易和国际能源技术贸易三个角度详细规定国际能源贸易中的市场准入、特殊保障、出口补贴、国内支持、过境国与第三国的权利和义务、与能源运输相关的基础设施等具体问题。此为在WTO体制下构建统一的国际能源贸易法制最为理想的选择。

中国需要巨大的能源供给以支撑其经济的快速发展，需要从国际市场获取能源资源。中国对世界能源贸易格局具有极其重要的影响，而稳定的能源外部供给对中国经济的发展与安全也起着至关重要的作用。“一带一路”倡议的提出，为中国参与国际能源贸易规则的制定提供了契机。利用建设“一带一路”的契机，在WTO框架下构建国际能源贸易法制新规则的过程中，一方面，中国要积极参与国际能源贸易法制的构建。首先，中国要积极参与WTO体制下能源贸易法制的谈判，提出中国的议案，表明中国在国际能源贸易新规则制定过程中的关切和利益；其次，中国应当加强与现行国际能源治理机制的合作，同时，中国要建立与国际能源组织的良好沟通与合作，为我国国际能源贸易创造良好的外部环境。另一方面，中国要继续完善国内能源法制体系。首先，应尽快出台《中华人民共和国能源法》，以弥补我国能源领域基本法缺位的遗憾；其次，修订与能源贸易相关的法律规范，促进能源贸易法制体系的完备，保障国际能源贸易的高效与通畅；最后，完善与能源相关的立法，促进能源的合理利用、提高能源利用效率。

将国际能源贸易纳入 WTO 体制，解决现行 WTO 规则调整国际能源贸易不周延和不兼容的难题，最终在 WTO 体制下构建完善的、一体化的全球性能源贸易法制，这一历程虽然道路曲折，但是希望可期。我们坚信，这一新规则的构建必将推动国际能源贸易的公平、合理和有序进行；必将推动“一带一路”倡议的顺利实施；必将为人类获取廉价、稳定和清洁的能源供给提供保障；必将推动人类社会和谐、健康和可持续地发展。

目　录

绪论

一个拓展性的研究

法律就是秩序，有好的法律才有好的秩序。

—— 亚里士多德

国际能源贸易作为国际贸易的重要组成部分，在国际贸易中占据着极其重要的地位与份额。国际能源贸易不仅对一国的经济发展有决定性的影响，而且直接掣肘着国际经济的发展。正是由于其极端重要性所致，各国都以自身的利益为出发点，分别从国内法和以各自利益集团为基础的国际组织的角度规制国际能源贸易，这无疑是统一的国际能源贸易法律秩序至今未能建立的主要缘由。但是，各国同时认识到，这种“丛林法则”式的贸易法制现状，对各个国家，甚至世界经济，都是一种更大的威胁。由此，包括主权国家、国际组织在内的各种力量都在尝试着建立国际能源贸易法制新秩序。

一、研究背景与意义

近年来，国际能源市场跌宕起伏，对全球以及各国的经济安全造成了巨大的挑战。[1] 为了确保国际能源市场的稳健运行，围绕着国际能源贸易法制化的讨论也是此起彼伏。2013 年，中国提出“一带一路”倡议，本书就是以此为背景，从法学的角度为“一带一路”倡议过程中国际能源贸易法制新规则的建立提供学术指引。

（一）研究背景

人类文明的进化史，即是一部人类对能源的利用史。[1] 特别是近几十年以来，人类文明的高速发展是建立在人类对能源的高度依赖与利用的基础之上。[2] 而全球的能源资源分布极不均衡，大多数国家均需依靠进口来满足国内能源的需求，这导致国际能源贸易占据了国际贸易的最大份额。

然而，凭借“国家安全物资”名头，国际能源贸易长期游离于统一法制规则之外，特别是游离于规制国际贸易的世界贸易组织（World Trade Organization，WTO）这一多边贸易体制之外。[2] 各个国家从自身的利益出发建立了形形色色的利益集团来维护其在国际能源贸易市场的利益，比如，石油产量丰富的石油出口国，为了维护其在国际石油市场上的利益，建立了石油输出国组织（Organization of the Petroleum Exporting Countries，OPEC），而为了应对石油输出国组织对国际石油市场的垄断，发达国家建立了国际能源署（International Energy Agency，IEA）。但是，法律作为一种稳定、可预期、可依赖机制，国际社会将国际能源贸易纳入法制化轨道的努力从来没有放弃。随着能源市场的逐步开放以及能源安全观的变迁，国际社会先后建立了以国际能源论坛（International Energy Forum，IEF）、国际可再生能源组织（International Renewable Energy Agency，IRENA）等为代表的全球性能源组织，以及以欧盟（European Union，EU）、北美自由贸易协定（North American Free Trade Agreement，NAFTA）等为代表的区域性组织，同时各国间达成了双边性能源

1 比如，国际油价大起大落的状态，对石油进口国和出口国均带来了严重的发展困境，当石油处于高价时，石油进口国面临着高昂的成本压力；而当石油处于低价时，以石油出口为单一经济支撑的石油出口国又面临着严峻的经济形势。

2 自 GATT 到 WTO，虽然多边体制未明确将能源排除在适用范围以外，但在国际贸易实践中主要能源贸易国家长期以“安全物资”等理由视能源产品不受多边体制纪律的约束。

供给协定。[3]这些努力和尝试都丰富了国际能源贸易法制的内涵，使得国际能源贸易逐步走上了法制化轨道。

1995 年，被誉为“经济领域联合国”的 WTO 成立，该组织是国际贸易规则法制化质的飞跃。[4]虽然在 WTO 规则制定的时候，国际能源贸易被以“君子协定”的形式回避，但是 WTO 规则并没有明确排除国际能源贸易。因此，作为货物的一种类型，能源理应受到 WTO 规则的调整，在 WTO 框架下讨论能源贸易规则也被认为是最可行的一条路径。2001 年开始的“多哈发展议程”（Doha Development Agenda，DDA）更是在各议题之下将国际能源贸易在各方面分别展开了谈判，国际能源贸易法制化历经探索，终于有了新的突破。但是，究竟现行 WTO 规则能否有效调整甚至适用于国际能源贸易关系，还是一个值得探讨的问题。经过分析可以发现，尽管 WTO 规则适用于能源贸易，但能源商品的特殊性决定了现行 WTO 规则对于能源不具备很好的兼容性，在调整能源贸易关系上存在较大的局限性，难以满足与适应国际能源贸易当前的形势。

当今，中国作为国际能源市场上重要的一极，国际能源法制秩序的变革应当体现中国的关切和利益；同时国际能源秩序的任何改革，必将对中国的发展产生重要的影响。[5]因此，中国应当以“一带一路”倡议为契机，积极参与 WTO 体制下国际能源贸易新规则体系构建的相关谈判，以“一带一路”为平台认真对待，采取恰当的应对策略。

本书即是在这一国际、国内背景之下，从法学的视角分析了现行国际能源贸易规则的缺陷，探讨了在“一带一路”倡议的过程中充分利用 WTO 体制建立国际能源贸易新规则的相关问题及中国应当采取的应对策略。

（二）研究意义

在当今国际经济、政治格局之下，一方面，制定国际能源贸易规则成为全球理论研究的热点；另一方面，新的能源贸易规则的形成对世界各个国家将产生重要的影响，甚至改变世界能源贸易格局，因此，本书的研究具有重要的学术意义和实用意义。

1. 学术意义

人类社会不断发展的过程，也是人类社会不断向更加理性、成熟的高级阶段迈进的过程，其突出特征之一是国际社会法治程度不断提高。国际法治不断的发展变化表明：随着各国各地区对比力量的此消彼长，国际法治也呈现出了一些新的变化趋势与特点。本书以“一带一路”倡议为背景，从能源贸易全球治理的角度分析全球治理理念下国际法治的发展趋势以及呈现的特点，特别是在 WTO 体制下构建国际能源贸易法制规则，既是对 WTO 法制的完善与创新，又是对“一带一路”倡议理论的丰富与拓展，进而能够对整个国际法制的完善与创新进行有益的探索。

在全球治理法治化不断推进的趋势下，国际能源贸易的全球法制化治理已经越来越明显和重要，将能源贸易纳入 WTO 体制，分析多边贸易体制的发展动态，从而探索、理解国际法治发展的最新进展及动态是本书的学术意义之所在。

2. 实用意义

“多哈发展议程”的前景至今仍然扑朔迷离，能源贸易问题当前也远未成为如同农业、服务贸易、贸易便利化等议题一样的谈判焦点。但本书认为，就能源贸易事项展开谈判的动力正日益聚集。其一，近年来，能源安全举世瞩目，全球性“能源焦虑”不断蔓延，国际能源合作与对话的呼声高涨，WTO 作为当今世界最有影响力的全球性经济组织，不能不对此问题有所回应；其二，气候变暖深刻影响各国政策，不少国家采取能源效率标准、能源税或补贴、环境友好技术、生态标志，以及政府采购政策等手段履行《京都议定书》的义务，而与现有 WTO 规则有着潜在冲突，碳减排交易也可能制造新的能源服务贸易机会，现行规则的相应调整势在必行，比如澄清 WTO 与多边环境协定（Multilateral Environmental Agreements, MEAs）的关系；其三，能源大国相继加入 WTO，使得 WTO 框架下的能源问题的谈判具有可能性；其四，随着能源贸易自由化与全球化的不断推进，各国国内对能源贸易的规制逐渐放松并形成了一些全球通行的规则，为全球性谈判的开展奠定了现实基础；其五，构建合理、公正的国际能源贸易法制，能够保证“一带一路”倡议的顺利实施，助力中华民族伟大复兴。鉴于“多哈回合”悬而未决，围绕能源问题的新谈判未必会很快开始，但是这一进程终究无法回避，仅仅是时间问题。未来的能源谈判有可能在不同的议题当中进行，亦有可能单独就能源部门议定更全面更连贯的整套规则。

就中国而言，一方面，中国能源对外依存度在不断提高，能源供应安全的问题突出，能源贸易对中国的可持续发展至关重要；另一方面，中国在能源产业的竞争力上与发达国家存在较大差距，该领域的国际贸易过度自由化可能会挤压中国能源产业的发展空间。因此，必须结合“一带一路”倡议，弄清 WTO 能源贸易谈判的由来、最新进展，并结合中国的实际情况来确定应对之策。

能源国际规制的任何态势都值得我们高度关注。是否能在多边贸易体制中设定专门的能源规则，不只关乎国际能源贸易的未来发展，甚至意味着国际能源秩序的重新构建，因而有“另一场石油战争”之说。[6]在国际能源规制领域，各种变化还正处于萌动之中，我们无疑应当重视、跟踪、洞察这种变化。

本书的研究，就是要从实用的角度出发，以“一带一路”倡议为立足点，探索在 WTO 体制下制定统一的国际能源贸易规则；同时，为我国应对全球能源贸易新格局提供解决策略，以保障我国在新的能源贸易格局中处于有利地位，确保我国能源安全，维护我国经济安全乃至国家安全。

二、国内外研究现状

理论研究往往是超前于具体实践，它指导和引领着具体的实践活动。与国际能源贸易法制建设迟缓相异，国际能源贸易法制的学术研究要早于也繁荣于国际能源贸易法制建设的现状。但是，由于国际能源贸易法制发展的迟缓，同时又由于“多哈回合”谈判迟滞不前，前景扑朔迷离，因此，该议题的研究缺乏一定的导向性。

（一）国外研究现状

国外对国际能源贸易法律制度这一问题的研究起步较早，也比较深入，处于研究的引导地位。国外的研究成果依照主体可以分为两个类别：一类是学术界对这一问题的研究成果；另一类是相关国际组织就这一问题发布的研究成果。根据国际能源贸易的内容不同，又可以分为：国际能源贸易法制现状及其理论研究、国际能源货物贸易法制、国际能源服务贸易法制、国际能源技术贸易以及国际能源贸易争端及其解决等内容。

国外就该议题的研究成果，呈现出以下特点：第一，国际能源贸易法制相关研究主体广泛，特别是各类国际组织从职能的角度出发对国际能源贸易相关问题进行了深入的研究。第二，研究成果丰硕，国外学界对国际能源贸易的各个方面都进行了深入和细致的研究。第三，学术研究还没有就统一的国际能源贸易法制建设取得普遍的共识，只是从自身的角度或者利益和职能出发，提出了相关的策略。

（二）国内研究现状

我国国内学术界对国际能源贸易法制这一问题的研究起步较晚，可以说我国学术界对国际能源贸易市场法制建设的研究是伴随我国参与国际能源贸易的不断深入，特别是随着 WTO“多哈回合”谈判能源贸易议题的提出而逐步才开始的。目前，国内有关该议题的研究成果主要有：

唐旗老师的学术专著《WTO 与能源贸易——以能源安全为视角》系统介绍了 WTO 体制下能源贸易相关议题。该专著为本书的写作提供了很多启发。就内容而言，该著作既从纵向的角度系统回顾了多边体系下能源贸易问题的历史脉络，分析了 WTO 现行规则规制能源贸易的相关问题，又从横向的角度详解了 WTO“多哈回合”有关能源贸易议题的谈判，全书内容丰富、资料翔实且全面。

余敏友和唐旗的《论 WTO 构建能源贸易规则及其对我国能源安全的影响》一文，首先，从能源安全的视角分析了国际能源机构的演进历史；其次，分析了 WTO 构建能源贸易规则的方略；再次，分析了 WTO“多哈回合”中能源贸易谈判的进展，重点分析了能源服务贸易谈判和生物燃料谈判；最后，分析了 WTO 即将构建的能源贸易规则可能对我国能源安全造成的影响。

杨楠博士的博士学位论文《WTO 对自然资源产品国际贸易的规制及其中国立场》，系统分析了自然资源这一特殊商品在 WTO 体制这一最大的国际贸易组织之下贸易的相关问题，同时分析了中国作为一个自然资源进出口大国面临的法制挑战与应对策略。

余敏友和唐旗的《略论石油贸易与 WTO 体制》，首先，分析了现行石油贸易的国际法制；其次，解析了在 WTO 规则下石油贸易的相关问题；最后，探讨了 WTO 体制与石油贸易的未来发展趋势。

岳树梅博士的博士学位论文《国际能源合作法律问题研究》，系统分析了国际能源治理机制的现状，进而深入探讨了构建国际能源合作机制的原则、形式、主要制度，最后分析了参与国际能源合作治理机制的相关法律问题。

唐旗的《WTO 体制与能源贸易问题》一文系统分析了 WTO 体制与能源贸易问题，文章首先阐释了能源贸易的特殊性，剖析了能源贸易与其他商品贸易的区别；其次分析了现行 WTO 规则与能源贸易实践的兼容性问题；最后简要分析了 WTO“多哈回合”中与能源贸易相关的谈判进展、主要问题、发展趋势以及对中国将产生的影响。

李庆灵的《WTO 能源服务贸易谈判之最新进展及中国的对策》；周凤翱和穆忠和的《WTO/RTAs 框架下“能源服务”的界定》；周凤翱和周淼的《WTO 能源服务谈判对各国的潜在影响》等论文详细介绍了 WTO“多哈发展议程”中能源服务贸易谈判的相关问题，分析了对我国可能造成的影响，并提出了应对和策略。

还有一些学者专门以我国的视角为出发点，探讨了我国如何应对国际能源贸易法制秩序的变革，加强区域合作，保障我国能源安全的策略。如，谭民的《中国—东盟能源安全合作及其国际法律保障》；李泊溪的《中国加入 WTO 与能源战略》；陈兴华的《中国石油安全法律保障体系研究》；姜星莉的《经济全球化背景下中国能源安全问题研究》；鲍云樵的《加入 WTO 后我国能源工业将面临的机遇和挑战》等。

另外，孙法柏和刘明明的《能源贸易适用自由化原则之现状及发展趋向》；曾加和王萍丽的《论国际能源署争议解决中心的能源纠纷解决机制》；王铁坚的《“能源宪章条约”与 WTO 争端解决机制管辖重叠问题研究》；谢丽君的译作《能源技术转让：国际法、德国法及中国法》等论文也分别从不同的角度试探性地探讨了国际能源贸易的相关问题。

三、研究目的与创新

本书作为一项专门性和系统性的研究 WTO 体制与国际能源贸易法制的学术成果，解析了现有国际能源贸易法制的缺陷和不足，弥补了既存研究成果的漏洞；同时探讨了 WTO 现行规则与国际能源贸易的关系，并为 WTO 体制下制定国际能源贸易规则提供了可借鉴的模板。

（一）研究目的

本书的研究以现行国际能源贸易法制存在的问题为导向。具体而言，本书的研究要达到以下的目的：

第一，梳理现行国际能源贸易法制规则。现行能源贸易法制体制由全球性能源贸易规则、区域性能源贸易规则、各国能源贸易法制共同构成。本书重点研究了影响国际能源贸易的国际规则即全球性能源贸易规则和区域性能源贸易规则，试图在厘清现行错综复杂的能源贸易规则的基础上，为分析国际能源贸易法制存在的问题，建设国际能源贸易新秩序做好铺垫。

第二，解析 WTO 体制下的国际能源贸易规则。国际能源贸易规则的建立是现今各国共同的关切，但是就其主要内容仍然存在较大的分歧。本书在详细解析现行 WTO 体制下国际能源货物贸易、国际能源服务贸易、国际能源技术贸易及其国际能源贸易争端解决主要规则的基础之上，分析了 WTO 体制下国际能源贸易中各类规则的应然构建。

第三，探索 WTO 体制下构建国际能源贸易规则的可行性。现行国际能源贸易法制规则高度“碎片化”的直接表现就是规制国际能源贸易的主体繁多，既有全球性的，又有区域性的；既有政府间的，又有非政府间的；既有专门性的，又有非专门性的。而关于国际能源贸易法制的建立又有多种可能性。本书的研究就是比较分析了各种可行方案的优劣，最后认为，在 WTO 体制下制定统一的能源协定是构建国际能源贸易法制最理想的形式。

（二）主要创新

本书在借鉴与吸收前辈研究成果的基础之上，从当前国际能源贸易法制的突出问题出发，力图寻求当今国际能源贸易法制建设过程中突破瓶颈的主要策略，姑且称为本书研究的主要创新。

第一，本书设计了全球治理背景下，在 WTO 体制下构建国际能源贸易规则的相关问题。本书以 WTO“多哈发展议程”中关于能源贸易的谈判为基础，探讨了 WTO 体制如何通过自我完善与创新，构筑完善的能源贸易规则，进而解决国际能源贸易的法制化的相关问题。

第二，本书研究了在全球保护环境、减缓大气污染的大背景下，如何在能源领域对上述目标做出贡献，特别是从能源技术贸易的角度出发，解析了如何通过能源技术的转移，促进新能源技术以及环境友好型技术的应用，进而在能源的领域减少污染和排放，达到保护环境的目的。

第三，本书最后从中国的视角与立场出发，分别从中国积极加入能源全球治理机构、积极参加多边能源贸易谈判、逐步完善国内能源立法三个角度为中国应对能源贸易新格局提出了相关策略，力争使得学术研究能够服务并引导中国的现实实践。

四、研究思路与方法

对于一项学术研究而言，恰当的研究思路与研究方法，对于保证研究的顺利进行和研究成果的取得有着重要的影响。为此，本书的研究精心设计了研究思路，并配以优化的研究方法。

（一）研究思路

本书以探讨 WTO 体制对国际能源贸易的规制为核心目标，为了完成这一研究目标，设计了详细、周密且可行的研究思路：

首先，概述了当前国际能源贸易法制的现状。通过对全球性、区域性以及双边机制中关于国际能源贸易法制的分析，明确了现行国际能源贸易法制的概况，特别是分析了现行国际能源贸易法制的不足，为本书提出在 WTO 体制下构建国际能源贸易法制做好铺垫。

其次，本书通过三个角度的分析，表明在 WTO 体制下构建国际能源贸易新规则具有可行性与现实性。回顾了多边体制下关于国际能源贸易规制的历程，可以发现国际能源贸易问题与多边体制有着很深的渊源；分析了现行 WTO 规则与国际能源贸易的全面性、兼容性问题，进而发现现行 WTO 规则与国际能源贸易确实存在不兼容和不周延的难题，为本书探索在 WTO 体制下构建完善的能源贸易规则提供了可能；从理论上阐释了 WTO 体制下构建国际能源贸易法制体系的可行性与必然性。

再次，探讨了 WTO 体制下构建国际能源贸易新规则的相关问题。本书把与国际能源贸易的规则分为国际能源货物贸易规则、国际能源服务贸易规则、国际能源技术贸易规则与国际能源贸易争端解决规则，在分析它们与现行国际能源贸易现状存在问题的基础上，构建了其应然规则体系；然后，基于国际能源贸易法制“碎片化”给国际能源贸易法制带来的问题与挑战，重点探讨了建立国际能源贸易法制一体化的方案，创造性地提出在 WTO 体制下缔结《能源协定》，从而实现对国际能源贸易的统一调整。本书进而分析了《能源协定》的相关内容，包括必须界定与国际能源贸易相关的概念；同时明确国际能源贸易的基本原则；进而制定完善的国际能源贸易具体规则。

最后，本书以中国的角度为落脚点，分析了中国参与国际能源贸易的现状，指出中国参与国际能源贸易法制建设的必要性和迫切性；探讨了中国应当从国际和国内两个层面努力，积极参加并应对 WTO 体制下构建的国际能源贸易新规则，加强与其他国际能源组织的合作，完善国内能源法制以保障国家能源供给，进而确保经济安全和国家安全。

（二）研究方法

本书的研究主要是从法学的角度探讨了国际能源贸易法制新秩序构建的相关问题，因此，在研究中运用了法学的研究方法。当然作为社会科学的研究，本书也运用了其他的研究方法。

第一，规范分析法，即以法律规范体系为研究对象，分析其主要存在的问题。在研究的过程中，全面梳理了国际能源贸易法制既存的主要规则，既包括相关国际组织，又分析了相关区域组织，还分析了一些双边能源贸易规则，通过这些具体规范的分析，解析了国际能源贸易法制规则存在的主要问题。

第二，价值分析法，即通过认知和评价社会现象的价值属性，比较分析进而提示、指出或者确证一定社会价值或者理想的方法。本书在研究过程中的一个重要创新就是通过价值分析的方法，比较构建国际能源贸易法制一体化规则的策略，最后得出在 WTO 体制下制定《能源协定》，系统规制能源问题，是构建国际能源贸易一体化法制最为理想的选择。

第三，案例分析法，即通过具体的案例分析论证具体制度的合理性。虽然经过 WTO 争端解决机制处理的能源类争端数量极其少，但是本书也通过 GATT 时代“美国超级基金案”和 WTO 时期“美国汽油标准案”的解析对其进行了分析。这一方面说明了通过法制化渠道解决能源贸易的稀少的原因，另一方面也为通过法制化的渠道解决能源贸易争端提供了策略。

第四，比较分析法，纵观当今世界国际能源治理的格局，可以发现，当今世界能源治理可谓“八仙过海、各显神通”，既有多边性的治理机制，又有区域性的治理机制，还有更多的双边机制，通过对这些“碎片化”的治理机构的比较研究，可以发现，在 WTO 体制下制定国际能源贸易统一法制，实现国际能源贸易领域法制新秩序的建立是最为理想的路径选择。

第五，综合分析法，即通过综合运用上述及其他学术的研究方法完成研究。本书在研究的过程中也综合运用了上述研究方法，并运用了历史考察、比较、语义以及逻辑分析等方法。比如，运用历史考察的方法追溯了国际能源贸易法制，特别是 WTO 体制与能源贸易的渊源；运用比较的分析方法区别了各类国际组织及其区域性组织调整国际能源贸易的法制规则的优劣；通过语义分析方法考究了 WTO 现行规则与国际能源贸易的兼容性问题；等等。

可以看出，本书选择以 WTO 能源贸易规则为题进行研究是源自急需且现实的国际、国内社会背景；研究的预期成果也将对研究国际法，特别是 WTO 的发展态势具有重要的学术贡献，同时对于我国积极参加多边体制下能源贸易规则的谈判及完善国内能源法制具有重要且现实的实用意义；为顺利完成研究，也为使本研究更加全面和具有前瞻性，本人通过长期的搜索，整理了现有国内、国外的相关研究成果，研究了国际法的发展动态，WTO 多边谈判的具体动向，力图站在巨人的肩膀上，以便“看得更高、望得更远”。同时，为了保证研究工作的顺利进行，本研究设计了合理的研究思路，采取了理想的研究方法。综合以上，期望本书能够按照最初的设计愿景，取得预期丰硕的研究成果。

第一章

“一带一路”背景下国际能源贸易法制化：重要但未解的难题

法律的目的是创造一个稳定的、可以理解的行动结构，
在这个结构中个人能够执行其计划并多少意识到可能产生的结果。
——爱德华

能源作为大宗商品之一，其国际贸易的规则与其他大宗商品存在明显的区别，这也是国际能源贸易法制秩序一直未建立的原因之一。当然，国际社会也通过不同途径的努力，力图建立起规范的国际能源贸易法制秩序，这就产生了如今多边、区域及双边国际能源治理机制共存、高度“碎片化”的国际能源贸易法制格局。这一格局的出现说明了国际社会对国际能源贸易法制的重视与努力，同时也暴露了这一领域法制建设的困境与艰难。

一、“一带一路”背景下国际能源贸易基本理论问题

国际能源贸易产生的首要因素是能源资源在全球的分布不均以及世界各国经济发展差异对能源的需求不同。当然，特殊的政治、经济和社会条件，以及能源本身的特点、能源类型、形式均对国际能源贸易产生重要的影响，这些均

是国际能源贸易的特殊性。[7] 这些特殊性导致难以将能源贸易纳入全球统一法制的困境。根据 WTO 规则对国际贸易的分类，鉴于目前国际社会对能源的惯常分类与划分，本书将国际能源贸易分为国际能源货物贸易、国际能源服务贸易与国际能源技术贸易并分别论述。

（一）国际能源贸易的界定

人类文明的进步过程就是一个人类对能源的不断开发和利用的过程，能源与人类的存续和发展息息相关。[8] 人类根据对能源的开发与利用的程度、方式等因素的不同，对能源进行了不同的分类和界定。国际能源贸易的诞生是建立在不同国家间能源需求可以互补、能源国际市场形成的基础之上。

1. 能源

能源是一个内涵丰富、种类繁多，由一系列物质所构成的物质体系。虽然，能源存在的历史远久于人类出现的历史，人类的演变是建立在对能源认识、开发与利用的基础之上，但是，人类社会对能源的界定远未统一。古今中外，人们根据自己对能源的理解、认识以及利用程度，对能源进行多种多样的定义。[1] 从字面上来看，“能源”即能量的来源。能量作为物质的重要属性，是一切物质运动的动力。因此，作为能量来源的能源是人类物质社会的必需要素。从钻木取火的原始社会到发达高效的现代社会，人类时刻都离不开能源。从科学意义上讲，凡是能够提供某种形式能量的物质或物质的运动，统称为能源。 例如，阳光、风、流水、潮汐、木材、煤炭、石油等，它们或能直接产生能量，或可在一定条件下转化为能量。这些都是大自然赋予人类的宝贵能源，并分别以光能、热能、电能、机械能等不同的形态服务于人类。[9]

根据不同的划分方式，能源也可分为不同的类型。根据来源分为：来自地球外部天体的能量（如太阳能）；地球本身蕴藏的能量（如原子核能、地热

---

1 例如：《科学技术百科全书》（科学技术出版社，1984 年版）说：“能源是可从其获得热、光和动力之类能量的资源。”《大英百科全书》（中国大百科全书出版社，2009 年版）说：“能源是一个包括着所有燃料、流水、阳光和风的术语，人类用适当的转换手段便可让它为自己提供所需的能量。”我国的《能源百科全书》（中国大百科全书出版社，1997 年版）说：“能源是可以直接或经转换提供人类所需的光、热、动力等任一形式能量的载能体资源。”

能）、地球和其他天体相互作用而产生的能量（如潮汐能）。根据能源的产生方式分为：一次能源，即天然能源（如柴草、煤炭、石油、天然气、水能、风能、太阳能、地热能、海洋能、核燃料等）；二次能源，即人工能源，（如氢能、焦炭、洗煤、电力、煤气、蒸汽、洁净煤、激光、沼气及各种石油制品等）。根据能源使用的类型可分为：常规能源，即利用技术上成熟，使用比较普遍的能源（如水能、生物能、煤炭、石油、天然气等）；新能源，即近年来开始被人类利用或过去已被利用现在又有新的利用方式的能源（如太阳能、风能、地热能、海洋能、生物能、氢能以及用于核能发电的核燃料等）。[10]根据不同的标准，还可以有其他的分类方式。[1]

2. 国际能源贸易

国际能源贸易是各国内部能源市场在国际范围内的延伸，它的形成主要是基于以下因素：首先，各国自然资源禀赋不均，全球能源分布不均，导致有些国家位于能源富集区，而有些国家能源资源贫乏。[11]为了发展经济、保障国民生活，能源贫乏国家要从能源充沛的国家进口能源；其次，各国经济发展水平的差异，导致对能源的需求不同，当一国经济发展需要巨大的能源，而国内能源不能满足经济发展需要时，必须从国际市场获取能源。[12]最后，能源资源在国际能源市场上流动，形成能源资源的国际贸易。

对国际能源贸易的界定，目前国际上还未形成统一的认识。有学者认为，国际能源贸易仅指能源货物贸易；而有些学者认为，国际能源贸易包括能源货物贸易和能源技术贸易；等等。[2]本书认为，鉴于目前国际市场上通行的对国际能源贸易的分类，国际能源贸易是指世界各国间国际能源货物贸易、服务贸易和技术贸易的总和。[13]国际能源货物贸易是国际能源贸易的最初形式和主要形式，随着国际能源贸易市场向纵深发展，国际能源技术贸易和国际能源服务贸易发展迅速并且势头强劲。

1　根据能否造成污染分为：污染型能源和清洁型能源。根据能源的形态特征不同，世界能源委员会推荐的能源类型分为：固体燃料、液体燃料、气体燃料、水能、电能、太阳能、生物质能、风能、核能、海洋能和地热能。根据能源是否可以不断得到补充或能在较短周期内再产生可以分为：再生能源和非再生能源。

2　赵晓丽、宋翠：《我国能源贸易及其对经济可持续发展的影响》，载《中国能源》2009年第11期。

（二）国际能源贸易的特征

能源虽然也是商品之一，其国际贸易却有着自身鲜明的特征，这些特征既区分了国际能源与其他商品贸易的不同，也是导致国际能源贸易法制支离破碎的诱因。

1. 国际能源贸易的政治性较强

国际能源贸易不只是纯粹的国家间的贸易，它往往还是国家战略、国家安全的组成部分。[14]因此，各国政府通常采取各种手段对能源贸易予以更多的干预，以实现其维护国家利益、巩固国家主权与安全、保障社会福利、促进环境保护等方面的目标，各国政府采取的措施往往具有明显的政治意图，这就导致国际能源贸易的政治性较强，极易受到政治力量的影响。

2. 国际能源贸易的高度垄断性

纵观国际能源贸易市场，在该市场上占据垄断地位的是代表国家利益的国营企业，或者至少是国有控股企业，这些企业垄断了能源从开采到加工、运输、分销的各个环节。[15]这些企业大多依赖于政府政策的支持而发展，同时也执行着一国政府的战略和职能。因此，国际能源贸易呈现出高度的垄断性特征。

3. 国际能源贸易对全球经济的巨大影响

人类社会的发展与繁荣的历史，可以说是一个人类不断探索、开发、利用能源的历史，随着能源利用技术的成熟，人类社会也实现了发展与繁荣。现代社会经济仍然可以被称为“能源经济”，能源对当今任何一个国家经济的发展都起着决定性作用。[16]因此，各个国家都把能源贸易作为国家战略的一部分，这也是时至今日统一的国际能源贸易法制尚未建立的原因。因此，国际能源贸易对全球以及各个国家经济的发展有决定性的影响。

4. 能源生产国与消费国关系的复杂性

能源生产国与能源消费国作为国际能源市场上的交易双方，经常处于相互对立、斗争、妥协的过程。任何一个能源生产国都期望能源价格的飞涨，这种情况的延续将超越能源消费国的承受能力，而能源消费国进口的减少又会影响能源生产国的经济发展，反之亦然。[17]因此，能源生产国与能源消费国一直在寻求一种能源价格动态的平衡，这也是没有统一的国际能源贸易法制秩序的结果之一。倘若在完善的国际能源贸易法律体制之下，国际能源贸易都是有章可循，任何国际能源贸易争端都能够妥善解决，这将化解能源生产国与能源消费国间的矛盾，间接保障能源安全。

5. 国际能源贸易受制于能源本身的特殊性

能源作为一种商品，本身具有诸多的独特性，这也是国际能源贸易区别于其他商品贸易的主要原因。首先，能源作为商品的物理特性决定了其运输方式有别于一般商品，能源中最主要的石油、天然气、电力等高度依赖传输管道或网络，而这类基础设施形式的传输网络往往被各国国有企业垄断，因此即使解决了能源的市场准入问题，还不足以解决能源贸易自由化的问题；[18]其次，能源与环境联系紧密，现在的环境问题绝大部分是由能源问题引起的，所以，在日益重视环保的今天，任何环保立法都会影响能源贸易法制的发展；最后，国际能源贸易的类别难以划分，如某些时候对于能源货物贸易与能源服务贸易很难加以辨别，抑或在一些国家被认为是能源货物贸易而在另一些国家被认为是能源服务贸易。

（三）国际能源贸易的分类

根据不同的标准，国际能源贸易可以有多种分类方式。[1]本书为了与 WTO 规则相对应，以及论述的方便，从贸易商品对象的形式和内容来区分，将国际能源贸易分为：国际能源货物贸易、国际能源服务贸易、国际能源技术贸易。

1. 国际能源货物贸易

国际能源货物贸易，即能源产品在国际市场上的交易，主要包括国际石油贸易、国际天然气贸易和国际煤炭贸易，还包括可再生能源贸易和新能源贸易等其他能源产品在国际市场上的贸易。

---

1 按照贸易的标的不同，国际能源贸易可以分为：国际石油贸易、国际天然气贸易、国际煤炭贸易、国际电力贸易等；按照国际能源产业链进行分类，国际能源贸易又可以分为：国际能源的开采、国际能源的运输、国际能源的销售等。

国际能源货物贸易是国际贸易的重要组成部分。国际贸易中的货物种类繁多，为了便于统计和分析，联合国公布了《国际贸易标准分类》（Standard International Trade Classification，SITC）。依据该标准，国际能源货物相关的贸易主要集中在第 3 部门项下的矿物燃料，润滑剂和相关材料（Mineral fuels，lubricants and related materials），主要包括 32- 煤，焦煤及煤球（Coal，coke and briquettes）；33- 石油，石油产品及副产品（Petroleum，petroleum products and related materials）；34- 天然气（天然和制造的）（Gas，natural and manufactured）；35- 电流（Electric current）。[1]

2. 国际能源服务贸易

从历史渊源的角度分析，国际服务贸易从属于国际货物贸易。相对独立于货物贸易的国际服务贸易项目是近几十年来服务贸易额大幅增长的主要领域。“能源服务”是与“能源货物”相并列的概念，通常是指能源的生产、能源运输及与配销相关的服务，以及其他介入能源价值链的服务，包括营建、设计及咨询等与能源相关的服务。[19]

《服务贸易总协定》（General Agreement on Trade in Services，GATS）将服务行业分为 12 个部门：商业、通信、建筑、销售、教育、环境、金融、卫生、旅游、娱乐、运输、其他。虽然，GATS 服务贸易分类清单（W/120）没有将能源服务作为独立分类，但是在商业性服务中，明确包含了能源服务。商业性服务是指在商业活动中涉及的服务交换活动，服务贸易谈判小组列出的 6 类服务，在第六类的“其他服务”中，明确列举了与分销相关的服务。此外，关于探矿服务、能源科技咨询、能源仓储等也属于能源服务贸易的范畴。

3. 国际能源技术贸易

国际能源技术贸易，即国际范围内把能源技术作为产品进行的贸易活动，即国际能源技术贸易可以看作国际技术贸易中的一种特殊产品——能源，是指不同国家的企业、个人之间，按照一般条件，向对方出售或者从对方购买软件技术使用权的一种国际贸易行为，它由技术出口和技术引进这两方面组成。能源技术贸易的贷方和供方应当居住于不同的国家，能源技术的供方称为能源技

1 具体分类内容参见：联合国经济和社会事务部统计司《国际贸易标准分类》（修订 4）。

术的输出方，能源技术受让方称为能源技术的引进方。能源技术贸易的基本内容是能源专利使用权、能源商标使用权和能源专有技术使用权的转让。尤其是随着人类对环境保护的重视，清洁能源的推广，清洁技术贸易的发展将会更加迅速。[20]国际能源技术贸易助力于满足持续快速增长的能源需求和能源的清洁高效利用。

国际能源贸易是世界各个国家或者地区间国际能源货物贸易、国际能源服务贸易和国际能源技术贸易活动的总和。它是各个国家或者地区在能源领域国际分工的基础上相互联系的主要形式，反映了其在能源资源上的相互依赖关系。可以说，国际能源货物贸易不仅仅是国际能源贸易的最初形式，也是主要形式，随着便利化程度的加深和低碳经济的发展，国际能源服务贸易和国际能源技术贸易的发展将更加显著。

二、“一带一路”背景下国际能源贸易治理机制

在能源国际贸易法制图景中，既存在多边的治理机制，又存在区域性与双边的治理机制，[21]这些机制相互交错、影响，试图解决国际能源治理的困境，但这也是目前国际能源贸易法制的软肋之一。

（一）多边能源贸易机制

多边能源贸易机制无疑是国际社会在构建全球统一能源贸易法制过程中主要的努力方向，国际社会也先后出于不同的动机与意图建立了与国际能源贸易相关的机制，[22]如石油输出国组织、国际能源署、能源宪章条约、国际能源论坛等机构。本书选取最有影响力的石油输出国组织和国际能源署等进行评述，以窥能源国际法治的当代图景。

1. 石油输出国组织

石油输出国组织（Organization of the Petroleum Exporting Countries，OPEC），成立于 1960 年 9 月，总部设在奥地利首都维也纳。其成员包括主要的石油输

出国，[1] 该组织是主要能源供应国家的代表性机构。

OPEC 成立的宗旨是通过协调和统一成员方的石油政策和价格，确保国际石油市场价格的稳定，保障石油生产国的稳定收入，为石油消费国提供足够、经济、长期的石油供应，并给予石油工业投资者合理的收益。

20 世纪 60 年代至 70 年代，全球能源生产的中心在里海和阿拉伯地区，OPEC 国家曾经是全球能源安全的核心，对全球能源供应起着决定性的作用。但是，在国际石油市场上，相对于非 OPEC 生产国，如美国、加拿大，OPEC 的影响在逐渐减弱；非常规油气的发展也改写了全球能源格局，使 OPEC 以外地区的能源供应发展加快；同时，随着全球能源市场供需结构的变化，原来仅靠 OPEC 国家的配额政策和价格政策已经不足以解决当前能源市场的震荡，而需要更强大的国际治理机构和合作，以支持投资，提升国际市场的透明度。[23] 因此，OPEC 仍然是短期全球市场的重要参与者，但是已经不能主宰全球市场。

中国不是 OPEC 的成员，但是，作为国际能源市场上石油进口国，中国与 OPEC 及其成员长期保持着良好的沟通关系，为我国从国际市场上获取石油资源提供了保障。

2. 国际能源署

国际能源署（International Energy Agency，IEA）成立于 1974 年，总部设在法国巴黎。该组织是个协约性组织，成立的主要目的是应对石油危机，是石油消费国政府间的经济联合组织，已有 31 个成员方。[2] 如今，IEA 是全球能源合作最有影响力的机构之一。

IEA 与中国在能源节约、利用与保障以及环境影响等方面的合作达成了一

1 OPEC 共有 13 个成员，分别为阿尔及利亚、伊朗、伊拉克、科威特、利比亚、尼日利亚、沙特阿拉伯、阿拉伯联合酋长国、委内瑞拉、安哥拉、加蓬、赤道几内亚、刚果（布）。

2 现有 31 个成员，包括澳大利亚、奥地利、比利时、加拿大、捷克共和国、丹麦、爱沙尼亚、芬兰、法国、德国、希腊、匈牙利、爱尔兰、意大利、日本、韩国、立陶宛、卢森堡、墨西哥、新西兰、挪威、波兰、葡萄牙、斯洛伐克共和国、西班牙、瑞典、瑞士、荷兰、土耳其、英国、美国。

些共识，但中国加入 IEA 还面临着一些机制和体制的障碍。[1]

3. 能源宪章条约

《能源宪章条约》（Energy Charter Treaty，ECT）于 1991 年 12 月 17 日订立于荷兰海牙，明确了一系列有关国际能源贸易与投资的原则。1998 年 4 月《能源宪章条约》正式生效。目前，有 50 多个国家和地区签署了条约。[2]

中国虽未签署 ECT，但长期以来与《能源宪章条约》组织和成员保持着良好的关系。

（二）区域能源贸易机制

相较于全球性的国际能源贸易机制的软弱与涣散，区域能源贸易机制的发展要更为成熟、约束力也更强。[24] 国际社会以区域地缘政治为基础建立了相应的区域能源贸易治理机制，如欧盟、北美、南美、非洲均以不同形式，成立了能源贸易治理机制。[25] 本书选取治理程度比较高的欧盟和北美能源贸易治理机制予以介绍。

1. 欧盟统一能源市场

欧盟自身能源资源蕴藏量很低，境内 50% 的能源需要进口。在欧盟经济一体化不断加强的背景下，为了保障自身能源的供给，维护经济的安全，欧盟一直进行着统一能源市场构建的努力。[26]

1986 年《单一欧洲法案》（Single European Act）的签署标志着欧盟统一能源市场的设想初步诞生，拉开了欧盟各成员努力建立统一能源市场的序幕；1993 年欧盟提出建立统一电力市场的目标；1996 年和 2003 年先后颁布“96 法

1 根据 IEA 的规定，成为 IEA 的成员必须具备两个条件：第一，原则上只有 OECD 成员才可以成为 IEA 成员。第二，成员必须具备 90 天纯进口量的战略石油储备。

2 ECT 的缔约成员主要包括欧洲成员，但也包括一个国际组织：欧盟。成员包括：阿富汗、阿尔巴尼亚、亚美尼亚、澳大利亚、奥地利、阿塞拜疆、白俄罗斯、比利时、波斯尼亚和黑塞哥维那、保加利亚、克罗地亚、塞浦路斯、捷克共和国、丹麦、爱沙尼亚、欧洲联盟和欧洲原子能机构、芬兰、希腊、匈牙利、冰岛、爱尔兰、日本、约旦、哈萨克斯坦、吉尔吉斯斯坦、拉脱维亚、列支敦士登、立陶宛、卢森堡、马耳他、摩尔多瓦、蒙古、黑山共和国、北马其顿、挪威、波兰、葡萄牙、罗马尼亚、俄罗斯联邦、斯洛伐克、斯洛文尼亚、瑞典、瑞士、塔吉克斯坦、土耳其、土库曼斯坦、乌克兰、英国、乌兹别克斯坦和也门。

令”和“03 法令”，要求各成员开放电力用户选择权，完全放开电力市场等；2009 年，欧盟各成员一致同意开放本国能源市场；[1]2011 年，欧盟领导人要求各成员加快电网和天然气管道的互联，保证 2015 年前消除能源隔阂，实现能源在欧盟范围内的自由输送和供应，并为推进能源市场立法、统一运行规则和技术标准等各项工作列出完成时间表。[2]

欧盟作为当今世界一体化程度最高、发展最为成熟的区域化组织，面临着区域内能源资源短缺的困境。因此，为了突破发展瓶颈，建立统一能源市场，最终达到统筹区域内能源资源，实现能源资源的合理、高效利用，这对于保障欧盟及其成员的利益，促进欧盟的健康发展具有重要的意义。

2. 北美能源贸易机制

北美能源贸易机制主要规定在北美自由贸易协定（North American Free Trade Agreement，NAFTA）的“能源专章”。NAFTA 于 1992 年为美国、加拿大和墨西哥分别正式签署，1994 年协定正式生效，北美自由贸易区宣告成立。

NAFTA 共分为 8 个部分 22 章，旨在在北美自由贸易区中推行国民待遇、最惠国待遇及程序透明，借此消除贸易障碍，专门来调整能源货物贸易事项的内容规定在第 2 部分“货物贸易”之下的第 6 章。第 6 章的标题为“能源与基础石化品”（Energy and Basic Petrochemicals），该章共 9 个条款，5 个附件。NAFTA 的能源货物贸易制度建立在 GATT 的规则之上，通过在条款中援引 GATT 规则并对其加以解释，同时引入一些新的要求。另外，除能源专章外，NAFTA 其他章节的规定未加区分地适用于所有产品，因而能源贸易也在其他贸易规则的调整之下。

总体上说，NAFTA 的能源贸易制度兼顾了供需双方的能源安全目标，一方面，确保了能源进口国从其他缔约方获得可靠的能源供应，以及公平稳定的

1 从 2009 年 6 月 25 日开始，欧盟采用欧洲议会 4 月通过的能源市场新法规。法规主要内容包括：建立欧盟国家能源监管合作机构；修订的供电监管法规；修订的供气监管法规。各成员应该在 18 个月之内，将欧盟上述法规修订转换为国内法。欧盟认为，新的法规有望加强欧盟内部统一能源市场，并能通过强化能源业者的竞争，促进能源价格降低，乃至给予消费者更多保护和更高福利。欧盟还认为，新法规将提升能源效率，从而更好体现可持续发展理念。

2 相关内容还可参见：宋海云：《对欧盟 2014 年建成统一能源市场的解读及相关建议》，载世界能源 2011(3).

能源价格；另一方面，协定也保障了能源出口国的贸易利益，使其获得稳定的能源市场份额，达到保障能源收入的作用。可以说，NAFTA 能源制度对于北美地区的能源一体化起到了积极作用，特别是美国和加拿大两国能源贸易稳步上升，而墨西哥也成为美国最重要、最稳定的石油贸易伙伴国之一。

（三）双边能源贸易机制

相较于全球性和区域的能源贸易治理机制，双边能源贸易治理机制更具灵活性，双边能源贸易治理机制是当今国际社会能源贸易治理的主要机制，是当今国际能源贸易法制的中枢。

三、“一带一路”背景下国际能源贸易治理机制评析

国际能源贸易领域法制治理机制的构建过程反映了人类追求秩序、向往安全的过程。法律作为实现这种理想的路径之一，虽然在国际能源贸易领域，法制建设曲折缓慢，与其他领域贸易规则相比，国际能源贸易领域的法制建设可谓任重而道远。但是，国际能源贸易领域还是告别了无序的状态，实现了初步的法制化。

（一）国际能源贸易法制的成就

历经国际社会的不断努力，国际能源贸易法制的统一规则虽然尚未正式建立，但是，与国际能源贸易相关的法制机制却比比皆是，既包括全球性的国际组织和国际条约，也包括区域性的机制，还包括数目众多的双边安排。国际能源贸易法制还取得了如下成就：

第一，一定程度上保障了国际能源贸易的有序进行。众多国际能源贸易机制的构建，保障了能源资源在国际市场上的有序流通，保障了国际经济的发展。这些国际能源机构搭建的沟通平台在一定程度上缓解了能源出口国与能源进口国的严重对立与矛盾。总体而言，相关能源贸易机制的构建，保障了

国际能源贸易的有序进行，避免了国际能源贸易领域纠纷的产生，从而初步保障了国际能源贸易的顺利进行。

第二，为国际能源贸易领域的谈判与协商提供了场所。与国际能源贸易相关的国际组织的建立，虽然没有统一全球能源贸易的法制，但它们最杰出的贡献就是为国际能源贸易市场上的参加者提供了一个谈判与协商的场所，便于解决在能源贸易领域的分歧。

第三，为国际能源贸易法制新秩序的构建进行了有益的探索和铺垫。[27] 现行国际能源治理机制中有关能源贸易的规定，为 WTO 体制下构建统一能源贸易法制提供了有益的借鉴，起到了先行先试的作用。

（二）国际能源贸易法制的困境

虽然历经多年努力、尝试了各种方法与途径，但是，由于受到各种力量的掣肘，当今国际能源贸易法制还存在以下诸多困境：

第一，国际能源贸易法制无力调整当前国际能源贸易市场。纵观当今国际能源贸易格局，能源输出国与能源输入国之间的供需平衡发生了重大的变化。能源价格起伏跌宕，能源领域的补贴、国有企业经营、国内支持等措施仍然没有统一的规范，国际能源贸易仍然是国际贸易法制的例外，统一贸易规则对国际能源市场的规制仍然是望洋兴叹。

第二，国际能源贸易法制面临新的议题。全球变暖和应对气候变化成为众所认同的共同挑战，低碳技术对全球和地区环境的重要性日益凸显。[28] 在国际贸易中，一些国家采用碳关税等方式，能源作为引起气候变化的重要因素之一，受到更加严格的管制和约束；同时，能源资源作为一些国家的天然禀赋，通过长期的输出，当资源枯竭的时候，这些国家的可持续发展会面临严峻的挑战，这些均是国际能源贸易法制面临的新议题。

第三，新兴能源对传统能源带来挑战。传统能源贸易以石油和天然气为代表，但是随着科技的发展，一些新兴能源（如页岩气、核能、太阳能等）出现，对传统能源贸易的法制格局构成了挑战。

第四，国际能源贸易法制受到政治的严重制约与影响。全球复杂的能源地缘政治关系给全球能源市场增加了不稳定性、不确定性。[29]

综上所述，历经几十年的努力与探索，国际社会初步建立了国际能源治理法制的雏形，这些国际能源治理机制要么是以利益集团为纽带，要么是以地缘政治为基础而建立的，相关国际机构虽然具有全球性的特征，但是其性质往往仅仅是论坛性质，相关规则也是以“软法”为主，缺乏对国际能源治理的有效调整。并且这些关于能源的治理机制，大多是属于管理性质而非专门针对能源的贸易。面对能源这一关系各国经济命脉与国家安全的大宗商品，现行的国际法制显然力不从心。因此，可以说，国际社会对于国际能源贸易进行规制的有效法制秩序还未建立。

第二章

“一带一路”背景下 WTO 与国际能源贸易：历史溯源及现实选择

法律决非一成不变的，相反地，正如天空和海洋因风浪而起变化一样，法律也因情况和时运而变化。

—— 黑格尔

国际社会对建立统一国际能源贸易法制的初衷由来已久。自“二战”之后，从几经努力最后夭折的《国际贸易组织宪章》到今天的 WTO“多哈回合”谈判，多边谈判的过程中总是闪现着国际能源贸易的身影。但是，由于受到当时特殊的时代背景以及能源贸易本身的特殊性，时至今日，国际社会仍然未建立起有效的能源贸易规则。即便如此，国际社会，特别是在 WTO 体制下试图改变能源贸易格局，建立起有效的国际能源贸易规则的努力一直未停止。

一、关税与贸易总协定时代能源贸易问题回溯

第二次世界大战结束后，美国推动成立国际贸易组织（International Trade Organization，ITO）起草、通过了《国际贸易组织宪章》（又称《哈瓦那宪章》）。但是，后来由于建立国际贸易组织的计划与美国的初衷相去甚远，因而

美国放弃了建立国际贸易组织的努力，国际贸易组织最终夭折。然而根据《哈瓦那宪章》中有关国际贸易政策的内容而进行了减让关税的多边谈判，最终签订了《关税与贸易总协定》(General Agreement on Tariffs and Trade，GATT)。但是，由于未能达到 GATT 规定的生效条件，其只能通过《临时适用议定书》的形式产生临时适用的效力，并从 1948 年 1 月 1 日起临时生效直至 1995 年 WTO 成立。

在 GATT 的谈判进程中，有关能源贸易的议题也是不绝于耳，但是，一方面由于当时能源贸易的规模还不如今天庞大和显著，也不是国际贸易的主流商品；另一方面，鉴于能源贸易对部分国家的极端重要性，这些国家反对将这些问题纳入多边规则体系进行谈判。最终的 GATT 协定中虽然也有部分能源贸易的规定，但受制于当时的客观环境，国际能源贸易的法制仍然是支离破碎。[30]

（一）GATT 诞生时的国际能源贸易

随着工业革命的爆发，现代工业生产诞生，被誉为“现代工业血液”的能源的开发也越来越受到重视。现代石油工业在 19 世纪后半叶萌芽于美国，后重心逐步集中于墨西哥湾，墨西哥湾掌控着世界石油的中枢神经。到 20 世纪 70 年代初，波斯湾的石油产量开始超过美国，成为世界石油生产的“心脏地带”。从那时起至今，世界石油版图的中心从“墨西哥湾”转移至“波斯湾”。

GATT 诞生时，国际能源贸易的格局基本情况如下：就能源生产地区而言，以石油工业为代表的国际能源主产地区由墨西哥湾向世界各地扩散和转移，特别是中东地区成为全世界石油生产竞争的焦点；就消费主体而言，主要的工业国家，如美国、德国、日本等变成全球的主要原油输入国；就能源贸易的主体而言，由于当时国际石油体系仍然控制在英国、美国、荷兰的“七姐妹”[1]石油公司手中，这七大石油公司不仅仅操纵着石油勘探、开采、运输、精炼直到销售的各个环节，还联合起来垄断和瓜分世界石油市场，获取高额利润。因此，当时能源贸易主体是这些代表着发达国家利益的石油公司。

1 被称为“七姐妹”的七大石油卡特尔分别是：埃克森、美孚、海湾石油、德士古、雪佛龙、壳牌、英波石油（BP）。

从以上的分析可以看出，GATT 诞生之时，整个世界的能源资源与能源市场都在西方工业发达国家的控制之下。而当时国际能源贸易的规则也完全由西方工业发达国家主导制定，体现了它们的国家利益。

（二）GATT 国际能源贸易规则初建

GATT 作为国际社会构建全球多边贸易体系的初步尝试，虽然在其建立的时候，国际能源贸易在国际市场上的地位远不及如今显赫，但是从 GATT 规则体系中仍然可以看出能源贸易规则的足迹，GATT 规则体系仍然为其成员间的能源贸易活动提供了制度依据。

1. GATT 建立国际能源贸易规则的历程

国际社会将能源贸易纳入多边体制的夙愿由来已久，最初在制定“国际贸易组织（International Trade Organization，ITO）”《哈瓦那宪章》之时就被提出。但由于当时国际社会中几乎所有的重点能源出口国均未参加谈判，且能源产品的战略性质以及由此而来的政治意味使得各谈判国在就能源贸易制定多边规则的问题上犹豫不前。

后来，继承《哈瓦那宪章》部分内容的 GATT 明确认可《哈瓦那宪章》议定时候的“初级国际商品协定”[1]，并强调初级领域的商品是自由贸易体制的“保留地”色彩。因此，诸如能源、农产品等初级商品在国际贸易实践中回避了 GATT 的规制。

在此后数十年间，一边是多边贸易体制日益成熟且不断壮大，一边是国际能源市场异军突起且风云跌宕。将能源与多边贸易体制联系起来的种种努力虽然一直在继续，但是未能有实质性进展。

2.GATT 与能源相关的规则分析

GATT 规则对国际能源贸易采取的是回避态度而非排除态度。因此从理论上讲，GATT 同时能够调整其成员之间的能源贸易活动。纵观 GATT 规则体系，其中与国际能源贸易相关度较高的主要有以下一些条款。

---

1 《哈瓦那宪章》在最初制定的时候，第 6 章以专章形式专门规定“政府间（初级）商品协定”，即将包括石油在内的货物视为自由贸易的例外。

第一，“最惠国待遇”原则（Most Favored Nation，MFN）与国际能源贸易。依据最惠国待遇原则，GATT 各成员在国际能源贸易的过程中应当给予不低于现在或将来给予任何第三国在能源贸易方面的优惠、特权或豁免的待遇，同时，不得因能源进口产地或者出口目的地而歧视某一能源贸易国。[1]

第二，“国民待遇”原则（National Treatment，NT）与国际能源贸易。依据国民待遇原则的要求，GATT 的成员在国际能源贸易中对进口任何另一成员的能源及其相关能源产品在国内税及国内法规、政策方面给予的待遇不得低于本国同样产品所享有的待遇。[2]

第三，“普遍取消数量限制”的规定与国际能源贸易。依据普遍取消数量限制的规定，GATT 要求其成员在国际能源贸易中除征收关税和其他税费外，不得以“配额、进口许可证或者其他任何措施”和方式来限制或者阻碍能源的进出口贸易。[3]

第四，“关税减让与约束原则”的规定与国际能源贸易。依据 GATT 关税减让与约束的规定，GATT 成员要开展国际能源贸易过程中的关税减让谈判，以达到削减国际能源贸易关税并逐步消除与国际能源贸易相关的其他关税壁垒，各方达成的削减后的关税应当受到约束，不得随意提高。[4]

第五，“国营贸易企业”的规定与国际能源贸易。依据对国营贸易企业的规定，GATT 要求成员方保证其境内的国营贸易企业在进行国际能源贸易时按“非歧视待遇原则”从事商业活动，在进行具体的国际能源贸易行为时，要只以商业上或者经济上的考虑进行购买或者销售，同时，要保证能够给其他成员的企业以充分机会来参与竞争。[5]

第六，“例外条款”的规定与国际能源贸易。GATT 的例外条款主要包括一般例外和安全例外，根据一般例外条款的规定，与国际能源贸易相关的例外规定的实施在条件相同的各国间不会构成武断的或者不合理的歧视，或者不会

---

1 参见：GATT 第 1.1 条。
2 参见：GATT 第 3 条。
3 参见：GATT 第 11 条。
4 参见：GATT 第 2 条、第 28 条、第 28 条附加条款。
5 参见：GATT 第 17 条。

形成对国际能源贸易的变相限制；根据安全例外条款，各成员方为特定的国家安全原因，可以实施对国际能源贸易具有限制的权利。[1]

（三）GATT 处理国际能源贸易的实践

GATT 争端解决机制作为 GATT 自足性机制，对 GATT 整体功能的发挥起到了重要的作用，与国际能源贸易相关的争端是 1987 年“美国对汽油和进口物质税收案”（United-States Taxes on Petroleum and Certain Imported Substance），简称“超级基金案”（US-Superfund）。

1.“超级基金案”的背景介绍

为了改善本国日益恶化的生态环境，美国国会通过了《1980 年全面环境应对、赔偿和责任法案》（CERCLA），该法案授权设立基金以资助清洁生产工作所需要的费用，并规定 1980 年—1985 年的该基金的额度为 16 亿美元。因此，该法案又被称为《超级基金法》（Superfund Law）。

后来，为了弥补巨额的资金短缺，1986 年，美国国会在讨论《超级基金法修正案和重新授权法案》时，将 1986 年至 1991 年的超级基金预算增加到 85 亿美元，美国国会采纳了一系列措施以筹集如此大规模的巨额资金。在这些措施中有一条为：提高原油商品税收以筹集 25 亿美元的资金。

这一措施的关键问题就在于，此次原油商品税的提高，美国对进口原油和国产原油采取了区别对待的措施，对进口原油每桶征收 11.7% 的税，而对国内原油每桶征收 8.2% 的税。因此，此行为被认为是有利于美国国内原油生产商，而不利于原油的进口活动。

2.“超级基金案”的解决历程

1986 年 10 月 30 日，欧共体根据 GATT 第 22 条第 1 款的规定，要求与美国就《超级基金法修正案和重新授权法案》中对石油以及某些进口物质征收的税收进行磋商；同年 11 月 7 日，加拿大也提出了同样的诉求；而在同年 11 月 10 日，墨西哥则依据 GATT 第 23 条第 1 款就其利益的“丧失或者受到损害”

---

1 参见：GATT 第 20 条、第 21 条。

向美国提出单方面的交涉。

随后，欧共体、加拿大和墨西哥联合与美国进行磋商，但是未能达成解决方案，于是经三方同意后，在 1987 年 2 月 4 日召开的 GATT 总理事会上，决定设立一个专家组审理这三个投诉。后来澳大利亚、印度尼西亚、科威特、马来西亚、尼日利亚和挪威作为第三方加入了该争端解决程序。

争端解决专家组在举行了数轮会议之后，于 1987 年 5 月 2 日提出了报告，该报告认为：美国《超级基金法修正案和重新授权法案》征收的石油税与 GATT 第 3 条第 2 款的规定不符，事实上构成了对 GATT 赋予成员方利益的丧失或者损害，专家组建议美国应当采取符合 GATT 义务的石油税措施。另外，对其他特定的进口物质所征收的税收构成了对进出口商品的税收调节，因此，原则上不违反 GATT 第 3 条第 2 款的规定。

3.“超级基金案”涉及的法律问题

“超级基金案”的事实较为简单，其所涉及的法律问题也较为简单明了，主要有以下两个方面：

第一，《超级基金法》中的石油税是否违反了 GATT 的规定。专家组认为，美国征收的石油税分别对进口产品和国内产品开征不同的税率，涉及进口产品的国内税与国内规章的国民待遇问题，美国对进口产品与国内产品适用不同石油税的事实清楚。因此，美国的这一行为违反了 GATT 第 3 条第 1 款的规定，与 GATT 的规定和美国的承诺不符。

第二，《超级基金法》所采取的措施是否造成“显著贸易影响”。美国政府抗辩指出“法案未造成显著贸易影响”，而加拿大、欧共体、墨西哥以及所有的第三方均认为，美国违反 GATT 第 3 条规定的义务，并且各方通过数据表明了美国的差别征税使其受到了利益损害。专家组对此问题并没有发表意见，但是澄清了“贸易影响”与 GATT 第 3 条、第 23 条均无联系，[1] 因此，美国的抗辩已经明显不能成立。

4.“超级基金案”的历史意义

“超级基金案”是国际能源贸易争端第一次在多边贸易体制框架下寻求法

---

1 参见黄东黎：《从 Superfund 法案看 GATT 第二十三条》，载《人民法院报》2002 年 7 月 22 日。

制的解决途径，也是 GATT 规则在国际能源贸易领域的首次运用，因此，该案对 GATT 本身和国际能源贸易活动均具有重要的历史意义。

第一，“超级基金案”重新激发了国际社会在多边体制下商讨国际能源贸易规则的热情。国际社会更加深刻地认识到国际能源贸易的重要性，认识到能源问题与贸易问题的紧密联系，各个国家都认识到在多边贸易体制下解决国际能源贸易问题是应有之义。此后，在乌拉圭回合中“能源产品”一度成为热门谈判议题。

第二，“超级基金案”的妥善解决，为国际社会提供了有关国际能源贸易争端问题解决的新思路，使国际社会认识到国际能源贸易的纠纷解决除了武力、谈判、诉讼等途径外，还存在一种更加理性、更加和谐的解决方式，即在多边体制下的法制化解决方式。

第三，“超级基金案”表明，国际能源贸易问题不仅在能源进口国和能源出口国非常受重视，也同样受到国际能源贸易相关方的重视。在国际能源贸易争端解决中，除当事方外，与能源进口国有相关利益的国家均以第三方的身份参与了进来，以保障其利益。

第四，“超级基金案”表明，国际能源贸易过程中将越来越多地涉及环境保护、劳工权益等非贸易议题，这些议题将会成为全球能源安全、国际能源贸易难以回避的议题，并且这些议题还将可能成为影响国际能源贸易规则制定的重要因素。[31]

二、WTO 构建国际能源贸易规则的历程

GATT 建立之后，随着各国经济的发展，国际能源市场日趋繁荣，对国际能源贸易进行法制规范的重要性也日益凸显。因此，在 GATT 主导下的历次多边谈判中能源贸易议题均被反复提及和讨论，但是，因受到各方力量的掣肘，完善的国际能源贸易法制到 WTO 成立之时仍然没有建立。

（一）“东京回合”谈判的能源议题

在 20 世纪 70 年代，GATT 启动了第七轮多边贸易谈判，即“东京回合”多边贸易谈判。此次谈判以 1973 年各成员方公布的《东京宣言》为开始的标志，此次多边贸易谈判于 1979 年结束。“东京回合”多边贸易谈判被视为多边体制发展史上一次具有承前启后的重要谈判，此次谈判不仅谈判成员数量众多，而且谈判的议题也非常的广泛和丰富，其中既包括非关税壁垒的问题，也包括一直被视为多边贸易体制例外的农产品和自然资源产品贸易的议题。

在此次谈判中，虽然自然资源产品的贸易问题被提出，以美国为代表的一些工业化国家试图将国际能源贸易规则纳入谈判议题，制定统一规则以限制能源出口壁垒。但是当时能源危机正在全球蔓延，各国态度谨慎，这一次仍是能源问题对国家经济的重要战略影响及安全原因压倒了建立国际能源贸易多边规则的努力，美国等国家的提议因遭到众多国家的反对而没有将其纳入此次多边谈判的议题，国际能源贸易问题再次与统一的多边贸易规则体系失之交臂。

（二）“乌拉圭回合”谈判的能源议题

肇始于 1986 年 9 月，历时 7 年之久，于 1994 年 4 月结束的 GATT“乌拉圭回合”谈判无疑是多边贸易体制发展史上一次具有里程碑意义的事件。因为经过此次多边谈判的努力而签订了乌拉圭回合最后文本，GATT 时代过渡到 WTO 时代。

在“乌拉圭回合”谈判期间，受到当时客观时代背景的影响，与能源相关的议题再度成为当时多边贸易体制谈判的热点。当时，与国际能源贸易相关的谈判主要是在自然资源小组和补贴小组项下展开。

在自然资源谈判小组，谈判各方中出现了两派观点：一些国家希望将谈判严格限于自然资源产品的市场准入和与贸易相关的事项；另一些国家则要求扩大谈判范围，把资源类产品的生产、供应、准入、限制性商业实践都纳入谈判议程。[32] 有关国际能源贸易谈判的主要议题是能源出口国的限制性做法，具体内容包括：出口国能源政策、双轨定价、补贴、反倾销、出口限制、自然资源替代产品问题等。最终，因为对能源产品，特别是自然资源的定价政策争议过大，而导致该项下的谈判成效甚微。

在补贴与反补贴谈判组的谈判过程中，美国建议讨论双轨定价问题，以加强与改进自然资源产品补贴规则，遭到墨西哥坚决反对，后者更提出改变《补贴与反补贴协定》第 2 条第 1 款规定的内容，将非歧视的要求限于同一管辖范围内。这一点最终被采纳，意味着政府得以在其领土之外对外国用户歧视性定价[33]。这导致以美国为首的一些国家以补贴规则限制双轨定价的意图未能如愿。

“乌拉圭回合”谈判中关于国际能源贸易的谈判虽然未取得实质性进展，但从此次谈判中，各成员的参与程度和相关议题还是能够反映出当时主要能源贸易国对国际能源贸易规则的关切；同时也反映了国际能源贸易规则制定中面临的主要问题。通过这一次深入的谈判，也引导了在多边体制下对国际能源贸易法律问题的关注与研究。

（三）WTO 规则与国际能源贸易

历经数次多边贸易谈判而成立的 WTO 是最大的调整国际贸易的政府间国际组织。WTO 规则体系具有完备的国际货物、服务、与贸易有关的投资及知识产权等内容的贸易规则，这些规则体系均与国际能源贸易有交集；同时 WTO 规则体系也并未明确将国际能源贸易排除在外。也就是说，WTO 规则体系均适用于国际能源贸易。

现行 WTO 规则体系调整国际能源贸易面临的窘境是：一方面，由于牵涉国家对自然资源永久主权，能源与资源问题向来敏感而饱受争议。因此，在多边贸易体制下，就国际能源贸易问题的谈判议题，各成员方均以“君子协定”的形式予以回避。另一方面，基于能源的特殊性，能源的国际贸易也具有其有别于其他商品国际贸易的特殊性，WTO 现行规则体系调整国际能源贸易也存在不周延和不兼容的难题。因此，可以说直至 1995 年 WTO 成立，专门、有效的国际能源贸易规则体系仍未在多边贸易体制下建立起来。

但是，自 2001 年启动的 WTO“多哈回合”谈判开始了与能源相关领域的谈判，标志着 WTO 建立国际能源贸易规则的新努力。WTO 对国际能源市场的规制主要可以通过其对国际能源货物贸易、国际能源服务贸易、国际能源技术产权贸易等方面的机制来实现。近年来，WTO 在可再生能源设备贸易、反倾销和反补贴、国际能源贸易相关争端中也发挥了一定的作用。[34]

总体来说，WTO 虽然不是专门的能源机构，但是从贸易的角度出发，WTO 可以成为提供具体的能源贸易政策协调机制的平台，并为能源贸易争端提供解决机制。在 WTO 改革的过程中，其与国际能源贸易的联系必将更进一步加强，其规则体系对国际能源贸易的影响必将更加地全面和深入。

三、WTO 调整国际能源贸易的正面架构

WTO 调整国际能源贸易具有其自身显著的优势，这些优势既包括 WTO 法制架构本身的特殊性，也包括满足国际社会的期许以及 WTO 本身的特点，这些一系列的主、客观因素决定了国际社会在 WTO 体制之下构建统一的能源贸易规则是不二的理想选择。[1]

（一）法律基础

WTO 作为当今世界最大的国际经济组织，其框架下全面、动态、发展规则体系，其本身具有的优越性均能够为在其下制定调整国际能源贸易法制提供良好的法律基础。

1.WTO 规则的发展性

WTO 主导的多边贸易体制发展到今天的成就，也非一蹴而就。从开始临时适用的、以关税减让为目的临时适用协定，发展到今天内容丰富、规则健全的多边贸易体制，就是由于 WTO 自身具有良好的发展性，通过不断自我发

1 学术界对国际能源贸易治理机制的讨论颇多，尚未形成统一的意见，如有些学者建议改革现有的能源治理机制；有些学者建议在现行经济合作机制下设立能源贸易相关议题。

展、自我完善而实现的结果。[35]

WTO 的这种自我发展性主要表现在以下方面：第一，WTO 主导的与时俱进的多边贸易回合谈判。WTO 会根据国际贸易的发展特点，发起多边贸易谈判，在谈判的过程中，制定新的贸易领域的规定，修订既成规则。第二，WTO 部长级会议的引导。WTO 定期召开的部长会议，经常以发表部长宣言和决议的形式完善现行法、宣示应有法，引导着 WTO 法制的完善。第三，WTO 争端解决机构的阐释与发展。WTO 争端解决机构在争端解决的过程中，经常根据法律解释的原则，对现行 WTO 法制进行完善，起到了发展现行 WTO 法的作用。第四，WTO 常设机制的完善。根据 WTO 规则，在多边回合谈判之间和部长会议闭会期间，根据现行规则、部长宣言或者决定的委托，WTO 的常设机构具体从事法律规则的制定与修正工作，从而也达到了发展 WTO 法制的作用。[36] WTO 通过这样一系列措施的自我完善和发展，能够适应国际社会政治、经济发展的形势，进而达到对国际贸易的有效调整。

2.WTO 规则的全面性

作为多边贸易体制的法律框架和组织基础，WTO 协议下辖 3 个基础性协议：关贸总协定（GATT）、服务贸易总协定（GATS）和知识产权总协定（TRIPS），主要内容涵盖货物贸易、服务贸易、与贸易有关的知识产权保护以及与贸易有关的投资措施等。除此之外，还有诸多会议决议、部长宣言等国际法文件，对于明确各成员方应当承担的义务，规范争端解决机制和贸易政策审议机制的运作，最终对促进贸易自由化起到了积极作用。

与此相对应，WTO 管辖的范围除有关多边贸易协议实施以及多边贸易谈判外，还包括长期游离于关贸总协定外的知识产权、投资措施和非货物贸易（服务贸易、投资措施）等领域。同时，定期审议其成员的贸易政策、解决成员之间的贸易争端、加强同国际货币基金组织和世界银行的合作以实现全球经济决策的一致性也属于 WTO 的职权范畴。[37]

可以说，WTO 是一个具有广泛影响力和较高权威性的世界性组织，WTO 协议更是具有一定强制力的多边条约，其成员方违反 WTO 协议的行为可能对其产生不利后果。

因此，可以说 WTO 规则是一个全面的、动态的、不断发展完善的规则体系，这为其打破目前在规范国际能源贸易的桎梏，建立完备的国际能源贸易规则体系创造了良好的法律基础。

（二）现实需求

WTO 作为最为重要的国际经济组织，在其框架内构建完善的国际能源贸易规则，将这一最大宗的货物纳入其调整之下，具有满足能源贸易法制化和 WTO 成员诉求的现实需求。

1. 全球治理法制化的需求

多边体制在构建的过程中通过“君子协定”的形式回避国际能源贸易，不仅仅是国际能源贸易法制建设过程中的遗憾，也是 WTO 的一大缺憾，作为一个全球性的多边贸易组织，竟然将能源这一最为大宗的商品规避在外。考虑到能源贸易对各国及全球经济发展的极端重要性，以及 WTO 自身的优势，在 WTO 体制下构建统一能源贸易法制，实现对国际能源贸易的调整是满足能源贸易法制化需求最为理想和便捷的路径，符合全球治理法制化的需求。

2. 国际能源贸易自身的需求

随着国际社会、经济的发展，一些与能源贸易相关的问题凸显出来，成为能源贸易法制化的内部驱动力。首先，能源安全举世瞩目，“能源焦虑”全球蔓延，开展全球性能源合作与对话的呼声高涨，作为当今世界最有影响力的全球性经济组织，WTO 不能再忽视甚至回避此问题；其次，与能源贸易密切相关的气候变暖问题成为全球关注的焦点，虽然，WTO 不是讨论气候变化问题的主要场所，但是，与保护环境密切相关的贸易政策的制订是 WTO 的职责，WTO 相关规则也应当进行相应的调整。[38] 所以说，在 WTO 体制下构建国际能源贸易规则是国际能源贸易自身的需求。

（三）可行性分析

在 WTO 体制下构建国际能源贸易法制新秩序不仅是理想的，而且是最为可行的选择，这主要是由 WTO 成员的广泛性和规则的既成性所决定的。

1.WTO 成员的广泛性

时至今日，WTO 共有 165 个成员，它是拥有成员最多的现行国际经济组织。最为重要的是，这些成员中既有能源进口国又有能源出口国。特别是近年来，一批能源丰富的出口大国的加入，为在 WTO 体制下共同商讨统一的能源贸易法制提供了可能。[39] 相较于其他国际能源组织，WTO 在这方面无疑具有先天性的优势。

2.WTO 规则的既成性

WTO 已经具有完善的货物、服务、知识产权贸易规则，同时还具有完善的关于倾销、补贴、争端解决等规则体系。这些规则虽然与国际能源贸易存在兼容性的难题，但是也没有排除能源贸易，WTO 体制下构建的国际能源贸易规则将会建立在这些既成规则的基础之上。因此，在 WTO 体制下，在 WTO 既有规则基础之上，构建完备的国际能源贸易规则将更为容易和便捷。

国际社会在多边贸易体制下构建能源贸易规则的夙愿由来已久。从 GATT 及其主导下的多轮多边回合谈判到 WTO 的成立，虽然能源贸易规则的议题不断被提及，但非常遗憾的是，由于受到各种力量的掣肘，有效的国际能源贸易规则仍然未建立。但是，伴随着国际能源贸易重要性的日益凸显，以及法制在解决争端、保障各方利益方面的明显优势，同时，基于 WTO 自身所具有的优势及国际能源贸易法制的需求，可以预判在 WTO 体制下构建全球能源贸易规则仍然是最为理想、可行和便捷的选择。

第三章

“一带一路”背景下 WTO 能源贸易规则现状：现行规则分析

要理解法律，特别是要理解法律的缺陷。

——边沁

历经了 7 年有余的“乌拉圭回合”谈判，1995 年 1 月 1 日，总部设在瑞士日内瓦莱蒙湖畔的 WTO 正式成立。彼时，这一被称为“经济领域联合国”的国际组织建立了涵盖货物贸易、服务贸易、知识产权贸易以及贸易争端解决的规则体系。能源作为商品的一种，也应当适用这些贸易规则，但是，由于当时的特殊历史背景，能源贸易的特殊性没有被考虑在当时制定规则的过程中。因此，WTO 规则体系调整能源贸易存在可行性和兼容性的难题。

WTO 作为调整国际贸易的综合性协定，其规则体系涉及国际货物、国际服务及与贸易相关的国际知识产权的贸易规则。[1] 本书为了论述的方便，将这

1 WTO 为多边贸易体制提供了法律框架和组织基础。WTO 协议包括多个法律文件，其基本组成是 3 个协议：关贸总协定（GATT）、服务贸易总协定（GATS）和知识产权总协定（TRIPS），主要内容涵盖货物贸易、服务贸易、与贸易有关的知识产权保护以及与贸易有关的投资措施等。此外，还有 20 多个部长宣言和决定。

些规则分成两部分进行讨论：第一部分论述《1994 年关税与贸易总协定》《与贸易有关的知识产权协定》和《服务贸易总协定》与能源贸易的关系。第二部分论述《补贴与反补贴协定》《技术贸易壁垒协定》《反倾销协定》和《与贸易有关的投资措施协议》与国际能源贸易的关系。最后，结合经 WTO 争端解决的案例评述 WTO 现行规则对国际能源贸易规制的成效与不足。

一、WTO 协定与国际能源贸易（一）

在 WTO 框架体系下的协定中《1994 年关税与贸易总协定》《与贸易有关的知识产权协定》《服务贸易总协定》对国际能源贸易有直接和重要的影响。本部分首先详细论述这三个协定对国际能源贸易的影响。

（一）《1994 年关税与贸易总协定》与国际能源贸易

《1994 年关税与贸易总协定》（以下简称 GATT 1994），即关贸总协定，是 WTO 管辖的一项多边贸易协定，该协定是关贸总协定“乌拉圭回合”多边贸易谈判对《1947 年关税与贸易总协定》进行修改和补充后所形成的。GATT 1994 是 WTO 规则体系中关于货物贸易最主要的规则，同时，该规则也与国际能源贸易直接相关并具有重要影响。本部分内容将重点从 GATT 1994 的基本原则和具体规则两个角度出发研究和讨论其与国际能源贸易的关系。

1.GATT 1994 的基本原则与国际能源贸易

GATT 1994 的基本原则是整个 GATT 1994 规则体系所适用的、体现其基本价值的原则。其中，最惠国待遇原则、国民待遇原则以及一般禁止数量限制原则作为 GATT 1994 的基本原则，对国际能源贸易具有重要的意义。

第一，最惠国待遇原则（Most Favored Nation Treatment，MFN）。即缔约一方现在和将来给予任何第三方的一切特权、优惠和豁免，也同样给予缔约对方。其基本要求是使缔约一方在缔约另一方享有不低于任何第三方享有或可能享有的待遇。[1] 这是 WTO 的基本原则之一，不仅在 GATT 1994 中进行了规定，还在 GATS、TRIMS、TRIPS 中进行了规定，其不仅适用于货物贸易，还适用于服务贸易、与贸易有关的知识产权和与贸易有关的投资措施。[40]

根据最惠国待遇原则的要求，WTO 的成员方在其制定的能源贸易政策当中，不能依据能源产品、能源服务或者与能源相关的技术的原产地或目的地的不同而对其区别对待。另外，给予一方成员的优惠，应当无条件地、及时地给予另一方成员。这一原则适用于现有 WTO 成员间的能源贸易已经获得了良好的认可和执行。但是实践当中，一些尚未成为 WTO 成员的能源出口国对不同市场区别征收出口税，造成能源价格极大的差异。

第二，国民待遇原则（National Treatment，NT）。即外国产品进入另一成员方领土时，不应对它直接或间接征收高于对相同的本国产品所征收的国内税或费用。在关于商品的国内销售、推销、购买、运输、分配或使用的全部法令、条例和规定方面，进口产品所享受的待遇不应低于相同的本国产品所享受的待遇。[2]

依据国民待遇原则，首先，能源出口国可以对用于出口的能源产品与用于国内消费的能源产品区别对待。其次，由于能源与环境的密切联系，能源进口国越来越多地以环境保护为理由，对能源产品开征国内税（如碳关税），只要这些税收是在非歧视基础上征收的，就不违背 GATT 的规定。[41] 最后，进口国为实现环境目标开征国内税时，有时基于能源商品技术基础而区别征税，关于该规定是否属于“相似产品”的问题，在目前 WTO 的规则与实践中还未明确。

第三，一般禁止数量限制。依据 GATT 第 11 条第 1 款的要求，成员方除征收关税和其他税费外，不得以“配额、进出口许可证或其他措施”来限制商品的进出口。第 11 条第 2 款第 1 项的规定即可适用于能源贸易，即“为防止

1　参见：《1994 年关贸总协定》第一部分第 1 条第 1 款规定：最惠国待遇是指一成员方对于原产于或运往其他成员方的产品所给予的利益、优惠、特权或豁免都应当立即无条件地给予原产于或运往所有任一成员方的相同产品。换言之，一国（或地区）根据条约给予另一国（或地区）的利益、优惠、特权或豁免，无论在何时，都不应低于其给予任何其他第三国（或地区）的各种优惠待遇。

2　参见，GATT 文本第 3 条是“国内税与国内规章的国民待遇”条款和 GATT 附件一关于第 3 条的注释。

或减轻出口缔约国……其他必需品的严重短缺而临时实施的禁止出口或限制出口。”“其他必需品”应理解为防止国家资源枯竭而必需保护的产品，能源资源应在此列。[42] 而“防止或减轻”意味着有关缔约方有权在“严重短缺”之前而无需待到短缺实际发生之后才采取出口限制措施。此外，关于类似 OPEC 的生产限制是否违反出口数量限制原则也是一个有争议的问题。

2.GATT 1994 的其他规定与国际能源贸易

除了基本原则之外，GATT 1994 还有市场准入、出口关税、过境自由以及有关国营贸易的规定均与国际能源贸易密切相关，影响着能源在国际市场上的价格与自由流动。[43]

第一，市场准入规则与国际能源贸易。能源产品和材料在出口市场上极少遇到市场准入问题，原因在于各国为保证本国能源安全，通常会尽可能降低能源进口门槛，故而即使乌拉圭回合关税谈判未对能源原料与能源产品的关税进行约束，但各国的能源进口关税通常还是很低。

第二，出口关税规则与国际能源贸易。出口关税甚少为 WTO 成员关注。因为一般而言，出口国提高出口关税可能会降低本国出口商品的竞争力，是以通常出口关税并不会成为贸易自由化的阻碍，WTO 协议也就未对出口关税进行限制。但在能源商品贸易中情况则是恰恰相反，能源进口国希望能以低价获取能源产品与原料，能源出口国则希望在出售能源的过程中能获得更多的能源出口关税，这是能源出口国国家财政收入的重要来源之一。因而能源出口关税反而是各方关注的焦点，一些国家就希望能够将能源出口关税纳入 WTO 协定的控制范畴对其加以削减。有学者便将 GATT 第 28 条之一提及的“出口”与“进口”关税之减让谈判作为依据，认为该条款意味着 WTO 成员同样可以就出口关税减让进行谈判，并将特定产品出口关税列入减让表中，成为约束关税，成员自行修改减让表中的出口关税水平可能违反 GATT 第 2 条第 1 项第（a）款。[44]

第三，过境自由规则与国际能源贸易。油、气、电等能源通常经由管道等输送网络进行运输，跨境能源运输自然是跨境能源贸易的关键事项之一。GATT 第 5 条“过境自由”规定 WTO 成员在最惠国待遇基础上享有在“通过国际过境最方便的路线、来自或前往其他缔约方领土的过境运输，应具有经过每一缔约方领土的过境自由”。但即使当事国均为WTO成员，该条规定也未必能够有效协调能源过境问题，原因在于根据上述条款，WTO成员并无义务保证其境内控制能源管道的公司遵循该条的规定。而实践中对能源过境进行阻挠的恰恰多是控制运输管道的公司而非国家。

第四，国营贸易企业规则与国际能源贸易。GATT第17条要求缔约方保证其境内的国营贸易企业按“非歧视待遇原则行事”，只以商业考虑进行买卖行为，并给予其他成员的企业参与购销竞争的充分机会，同时将缔约方“建立或维持的国营企业”以及“在形式上或事实上给予专有权或特权”的企业均划归至“国营贸易企业”的范畴。为数不少的能源企业符合上述条款国营贸易企业的特征，或为政府拥有，或为其控制，并享有某些专有权或特权。[45]但上述规定并非绝对，仅获得开发能源特权并不足以使能源公司成为国营贸易企业，“为开发国家自然资源而给予的特权，不构成专有权或特权”，因此为政府批准控制能源运输网络或管理能源转运、分销、贮存等权利的能源公司不属于国营贸易企业。然而该法条也存在一些不甚明确之处，例如“非歧视待遇”义务是否仅限于进出口方面的“购买”与“销售”活动，从第17条现有措辞来看，很难证明成员负有义务确保其他成员方的能源公司进入本国能源国营贸易企业的传输网络，而对于严重依赖传输网络的能源贸易而言，这正是公平竞争的主要障碍。

3.GATT 1994的例外条款与国际能源贸易

统一贸易规则之下的例外规定作为多边体制下统一贸易规则的一种“弹性规定”，其目的是使自由贸易原则得以顺畅地运行。国际能源贸易作为与国家主权权利高度关联的事项，更是为例外规则所青睐。[46]WTO规则体系因例外规则繁多而被称为“例外的迷宫”，其中，与国际能源贸易相关的例外规则主要有：一般例外、安全例外。

GATT第20条是“一般例外”规则，该规则由引言和具体情形两部分组成。在该条列举的十项措施中，与国际能源贸易密切相关的有：第一，GATT第20条第b款“为保护人类、动物或植物的生命或健康所必需的措施”。由于能源与环境之间存在密切关系，成员控制环境污染、保护生命健康的措施可能会表现为能源贸易限制措施；当然，有些成员以“控制污染，保护环境”为借口，掩盖其贸易保护主义的真实目的。[47] 第二，GATT 第 20 条第 g 款"与保护可穷竭的自然资源有关的措施"。成员方政府为了保护这些资源而采取的措施也是 WTO 规则体系的例外。第三，GATT 第 20 条第 d 款"为保证与本协定规定不相抵触的法律或法规得到遵守所必需的措施"。在国际能源贸易中，成员方为了维持国际能源贸易国营企业的进出口垄断权，可以对其他能源贸易实施进出口限制。其中，国营企业的进出口垄断权不属于与 GATT 相抵触的规定。第四，GATT 第 20 条第 i 款"作为政府稳定计划一部分的限制措施"。能源作为关系一国经济命脉的敏感产品，政府可以采取例外措施，给予干涉。

GATT 第 21 条规定，国家可以出于对主权国家安全利益的考虑，背离总协定的原则。这些安全例外与国际能源贸易相关的主要包括：第一，GATT 第 21 条第 b 款前两项涉及为保障平时"基本国家安全利益"的措施，后一项则关乎战时或紧急状态下的"基本国家安全利益"保障措施，很多国际能源贸易措施都有可能被纳入此条的范畴。[48] 第二，GATT 第 21 条第 c 款。按照该款的规定，如果联合国安理会对某个国家实施石油禁运，则缔约方可以采取禁止从该国进口石油的措施，或者禁止对该国出口石油的措施。

（二）《与贸易有关的知识产权协定》与国际能源贸易

《与贸易有关的知识产权协定》(Agreement on Trade-Related Aspects of Intellectual Property Rights，TRIPS)，是 WTO 管辖的一项多边贸易协定。其目的是期望全体成员在确保对知识产权充分、有效保护的同时保证知识产权执法的措施与程序不至于变成合法贸易的障碍。该协定共有 7 个部分，共 73 条，提出和重申了保护知识产权的基本原则，确立了知识产权协定与其他知识产权国际公约的基本关系。

进入 21 世纪以来，随着科学技术的快速发展，特别是为了应对日益恶化的环境问题，人类社会对能源技术更加重视，企图通过能源技术的革新来解决世界性的能源与环境问题。国际能源技术贸易即国际范围内把能源技术作为产品进行的贸易活动，与国际能源货物贸易不同的是国际能源技术贸易的产品是无形的技术。随着能源在国家经济命脉中扮演的角色越来越重要，尤其是随着清洁能源应用的推广，国际能源技术贸易的发展越来越成熟。

TRIPS 协定中关于国际能源技术服务的规定相当匮乏，甚至没有专门针对国际能源技术贸易的规定。不过作为一项多边协定，国际能源技术贸易可以依据 TRIPS 的规定进行。TRIPS 协定第 7 条表明促进技术革新、技术转让和传播是其重要宗旨之一；第 66 条第 2 款更进一步旨在建立发达国家的对外援助义务，鼓励发达国家向最不发达国家转让技术。然而从总体上看，TRIPS 协定仍然偏重于对知识产权的保护，相对忽视了知识产权拥有者的社会责任，未能有效扭转发达国家在贸易中滥用其技术优势而形成技术垄断的局面。这实际上不利于能源开采与运输相关技术的传播和应用，特别是不利于清洁能源技术的传播。也就是说，TRIPS 总体上是不利于能源技术在全球的贸易。[49]

有关国际能源技术贸易的规定主要体现在：联合国制定的《国际技术转让行动守则（草案）》（Code of Conduct for International Technology Transfer）、《联合国气候变化框架公约》（United Nations Framework Convention on Climate Change，UNFCCC）、《京都议定书》（Kyoto Protocol）等国际公约之中。

（三）《服务贸易总协定》与国际能源贸易

《服务贸易总协定》（General Agreement on Trade in Services，GATS）是 WTO 管辖的一项多边贸易协议。其宗旨是在透明度和逐步自由化的条件下，扩大全球服务贸易，并促进各成员的经济增长和发展中国家成员服务业的发展。该协定是 WTO 服务贸易法的基本规范和核心规范，由三大部分组成：一是协定条款本身，又称框架协定；二是附件或称部门协议；三是各成员的具体承诺表。

由于在 GATS 中，服务贸易分类清单（W/120）没有将能源服务作为独立分类，所以各成员在能源服务贸易自由化方面做出的具体承诺很少。[1] 但能源服务贸易是客观存在的，如同其他服务贸易一样也是通过 GATS 规定的四类方

1 有关服务贸易的分类，可参见：Services Sectoral Classification List, Note by the GATT Secretariat, MTN.GNS/W/120, 10 July 1991.

式进行国际间的贸易。[1] 在这四类服务贸易的方式中，第三类商业存在和第四类自然人流动与国际能源服务贸易关联更为密切。第三类服务贸易的方式是指服务由以商业存在的方式在东道国提供；第四类服务贸易的方式是指以自然人的流动的方式跨境提供服务。能源项目通常需要掌握专门技能的高素质技工，服务贸易发生在这些人员进入东道国到能源开采的基地，冶炼、加工的工厂等地履行一定的工作职能。关于国际能源服务贸易的这两类方式都受制于成员方在该领域的具体承诺。

GATS 本身对国际能源服务贸易的规定相当有限，仅仅规定成员方有义务确保其境内居于垄断地位的能源服务提供者依据 GATS 第 2 条最惠国待遇的规则和具体承诺中关于市场准入和国民待遇的原则。[50] 另外，国际能源服务贸易的提供者不应当对不属于其职权范围的事项滥用其垄断地位。

GATS 允许东道国在依据 GATT 第 20 条时，对有关保护人类和其他动植物生命与健康的事项上违反其具体承诺。[51] 即在进行国际能源服务贸易的过程中，不得违反保护人类和其他动植物生命与健康等事项规定。

二、WTO 协定与国际能源贸易（二）

WTO 规则体系构成了一个伞状法律结构。在这一结构中，除 GATT 1994 与国际能源贸易直接相关外，还有《补贴与反补贴协定》《技术贸易壁垒协定》《反倾销协定》《与贸易有关的投资措施协议》等均涉及能源问题，能够对国际能源贸易间接产生影响。

---

1 《服务贸易总协定》规定国际服务贸易具体包括四种方式，方式一：跨境交付（Cross-border Supply），指从一国境内向另一国境内提供服务，这种服务不构成人员、物资或资金的流动，而是通过邮政、电讯、计算机网络实现的服务，如金融、信息和视听等；方式二：境外消费（Consumption Abroad），指在一国境内向另一国的服务消费者（自然人或法人）提供服务，如接待外国游客、为国外病人提供医疗服务、接受外国留学生等；方式三：商业存在（Commercial Presence），指一国的服务提供者通过在另一国境内的商业存在（指任何类型的经营企业或专业机构）提供服务，如一国的公司到国外开办银行、商店，设立会计师事务所、律师事务所等；方式四：自然人流动（Movement of Natural Persons），指一国的服务提供者通过自然人在另一国境内的存在提供服务，如一国的医生、教授、艺术家到另一国出行公事服务。

（一）《补贴与反补贴协定》与国际能源贸易

《补贴与反补贴协定》（Agreement on Subsidies and Countervailing Measures，SCM）是 WTO 下辖的一项多边贸易协议，该协议修改和补充自 GATT “东京回合”同名协议，该协定是对 GATT 1994 第 6 条、第 16 条具体化的规定。协议对补贴作出了明确的定义，把补贴分为禁止性补贴、可诉补贴、不可诉补贴，并规定了反补贴措施的调查程序。协议的宗旨是规范各成员实施补贴与反补贴措施的行为。[52]

在国际能源贸易领域，能源补贴普遍存在，SCM 协定中就区分了禁止性补贴、可诉补贴和不可诉补贴三大补贴类型，只是补贴程度和方式因各国能源战略目标而异。其中可能牵扯到补贴规则的有成员方传统上给予能源生产商和下游工业的能源补贴，双重定价以及近年来为实现环境政策目标采取的边境调节税、可再生能源支持等措施。问题在于，各国给予可再生能源厂商的补贴，因具备“专向性”要素，往往成了可诉补贴；而传统的能源补贴，由于能源应用于所有产业的特点，虽然事实上只是让化肥、金属等能源密集型产业集中受益，却很难认定其带有“专向性”，反倒属于不可诉补贴范畴。[53]

（二）《技术贸易壁垒协定》与国际能源贸易

《技术贸易壁垒协定》（Agreement on Technical Barriers to Trade，TBT）也是 WTO 下辖的一项多边贸易协议，同样是在 GATT “东京回合”同名协议的基础上修改和补充的。协议分别规定了成员中央政府机构、地方政府机构、非政府机构在制定、采用和实施技术法规、标准或合格评定程序的要求。[54]协议的宗旨，是规范各成员实施技术性贸易法规与措施的行为，尽可能破除这些行为所造成的技术性贸易壁垒对国际自由贸易的阻碍。

在 TBT 协议框架下，技术规章与标准涉及“产品特征”与“生产过程与生产方法”（PPM），PPM 又分为与产品有关的及与产品无关的，对于前者，各国有权区别对待，而后者则不在协定范围之内。在能源领域，以出于环境影响考量（如履行《京都议定书》的义务）为借口，各国政府似乎具有了某种歧视外国产品的正当性，例如提出生产过程中使用清洁能源的产品，与生产过程中使用化石燃料的产品，环境意义显然是不同的，故应予区别对待。

（三）《反倾销协定》与国际能源贸易

《反倾销协定》（Anti-dumping Agreement，AD），即《关于执行 1994 年关贸总协定第六条的协议》（Agreement on Implementation of Article VI of GATT 1994），该协定同样是 WTO 下辖的一项多边贸易协议，是在关贸总协定东京回合《反倾销守则》的基础上修改和补充的，目的在于规范各成员实施可能妨碍公平国际贸易的倾销措施与行为。[55]

在国际能源贸易领域，能源丰富国家的下游产品经常成为反倾销的目标，调查当局通常罔顾这些出口国国内市场价格成本，而采用《反倾销协定》中设定的“正常价格”（第三国的“未扭曲的数据”）来判定倾销行为是否存在。然而由于资源禀赋状况不尽相同，第三国成本往往明显高于出口国成本，以此来判定出口国是否存在倾销行为及其幅度进而对其采取反倾销措施，明显是不公平的。[56]

（四）《与贸易有关的投资措施协议》与国际能源贸易

《与贸易有关的投资措施协议》（Agreement on Trade-Related Investment Measures，TRIMS）是世界贸易组织管辖的一项多边贸易协议。该协议的宗旨是促进投资自由化，制定为避免对贸易造成不利影响的规则，促进世界贸易的扩大和逐步自由化，并便利国际投资，以便在确保自由竞争的同时，提高所有贸易伙伴，尤其是发展中国家成员的经济增长水平。[57]协议的基本原则是各成员实施与贸易有关的投资措施，不得违背 GATT 1994 的国民待遇和取消数量限制原则。

能源属于资本密集型产业，能源投资是跨国投资中的重头戏。鉴于能源的重大战略意义，各国普遍设置一定“门槛”以控制外国公司对本国能源产业的投资，具体手段包括当地成分要求、当地股权要求、出口与技术转让要求、产品指令要求、生产实绩要求等。然而作为第一个具有全球性的有关国际直接投资措施的 TRIMS 协定，其对于能源投资的调整作用极为有限。原因在于 TRIMS 协定只涉及与货物贸易有关的投资措施，无关货物贸易的投资措施则不在其管辖范围之列，其也并未将能源投资政策作为一个特别的种类纳入其管辖，更遑论对以商业存在方式出现的能源投资问题的调整。故而对于上述限制能源投资的手段显然游离于 TRIMS 协定的管辖范畴之外。

三、WTO 调整国际能源贸易的实践及评析

尽管 WTO 规则在制定的时候未能考虑国际能源贸易的特殊性，但是，WTO 规则的非排他性使得国际能源贸易理所当然被纳入 WTO 法制体系。自 WTO 成立以来，已经有数起有关国际能源贸易的争端诉诸 WTO 争端解决机制，这些国际能源贸易争端的解决不仅检验了 WTO 规则调整国际能源贸易的完备性，而且为 WTO 规则调整能源贸易的改进提供了方向。

（一）WTO“汽油标准案”

委内瑞拉与巴西诉美国精炼汽油和常规汽油标准案（WT/DS2, DS4）（Venezucla and Bra-zil V. United States standards for reformulated and conventional gasoline）是牵涉国际能源贸易争端的典型案例，也是用尽 WTO 争端解决机制全部程序才圆满解决的第一个争端。[58]

1.“汽油标准案”的背景介绍

1994 年，美国依据本国《空气洁净法》对汽油设置了新的环境标准，规定新标准即刻适用于进口汽油，但国产汽油则可以推后两年实施。委内瑞拉是美国汽油的最大出口国，认为美国此举是典型的歧视性做法。1995 年 1 月 23 日，委内瑞拉起诉至 WTO 争端解决机构，称美国正在执行的清洁汽油规定区别了国产汽油与进口汽油，并对后者施加了歧视性做法，要求就此事与美国进行磋商。

2.“汽油标准案”的解决历程

1995 年 1 月 23 日，委内瑞拉以美国精炼汽油和常规汽油新标准对进口汽油构成歧视为由要求依据 GATT 1994 第 22 条、TBT 协议第 11 条第 1 款和《争端解决规则与程序谅解》第 1 条，在 WTO 争端解决机制框架下与美国进行双边磋商。后来，双边磋商未能成功。1995 年 3 月 25 日，委内瑞拉致函 WTO 争端解决机构，请求设立专家组，1995 年 4 月 10 日，WTO 争端解决机构成立专家小组。后来，巴西作为共同原告，加拿大、挪威和欧盟作为第三方参与该专家组程序。

1996 年 1 月 29 日，专家组报告认为，由于美国对进口汽油和国产汽油制定了不同的环境标准，对进口汽油实行更严格的标准，从而使进口汽油在市场销售条件方面无法享受与国产汽油同等的待遇，因而违背了 WTO 的非歧视原则，并且判定美国不能在该案件中引用 GATT 第 20 条的例外规定。

1996 年 2 月 21 日，美国提出上诉，认为其采取的“汽油规定”是出于保护人类健康和环境的目的，根据 GATT 第 20 条的规定，应视为适用 WTO 原则的例外。上诉机构经过审理，认为对进口汽油的歧视待遇与改善空气质量的目标之间并不存在必然联系，即改善空气质量无须以歧视进口汽油作为前提条件，从而认定美国确定国内外不同的汽油环保标准并非出于环境保护目的。所以说，第 20 条不适用于该案，报告维持了专家小组报告的裁定内容，即美国“汽油标准”造成了对进口产品的歧视，建议美国修改国内相关立法，以便符合 WTO 的非歧视原则。

1996 年 4 月 22 日，WTO 常设上诉机构发布的报告支持了专家组的结论，仅仅对专家组报告中的一些法律解释做了部分修改，1996 年 5 月 20 日争端解决机制通过了上诉机构的报告。

3.“汽油标准案”的法律分析

“汽油标准案”作为 WTO 成立后 DSB 受理的首个争端案件，其妥善解决有着重要的意义，该案主要涉及以下法律问题：

第一，GATT 第 3 条的规定。专家小组认为，由于进口汽油与国产汽油化学成分相同，因而进口汽油与国产汽油是相同产品（like products）。GATT 1994 第 3 条第 1 款“不低于优惠待遇”（treat no less favorable）一词，表示

"与国内销售和提供产品的买卖、采购、运输、分配或使用有关的所有法律、规章与细则，为进口产品提供了有效的平等机会"。美国国产汽油通过基准建立方法（baseline establishment method），获得了比进口汽油有利的销售条件，进口汽油在美国市场上没有获得与美国国产汽油相同的待遇。因为进口汽油与国产汽油尽管化学成分相同，但是适用标准不同，即进口汽油适用法定基准，国产汽油适用单独基准。这样，根据《汽油条例》的规定，汽油进口商必须出售更清洁的汽油，而经营同样质量国产汽油的国内厂商则不必如此。

专家小组驳回了美国所提出的"进口汽油获得了与处于相同情况的美国厂商所产汽油的待遇"的抗辩。专家小组认为，GATT 1994 第 3 条关注的只是相同产品的同等待遇，而不允许根据生产商的特征和生产商所拥有资料的性质给予不利的待遇。对于美国宣称国产汽油与进口汽油在总体上获得了平等待遇的抗辩，专家小组认为，根据 GATT 1947 争端解决机制所形成的惯例，GATT 1994 第 3 条第 4 款的"不低于优惠待遇"条件，必须被理解为可适用于每种进口产品的具体情况（each individual case of imported products）。[59]专家小组不认为，某些情况下的特定进口产品所获得的不利待遇，可以通过其他进口产品所获得的优惠待遇而获得平衡或补偿。

第二，GATT 第 20 条 b 款的规定。本款允许 WTO 成员方采取不符合 GATT 1994 其他规定的另外措施，如果该措施"为保护人类及动植物的生命或健康所必需者"。[60]专家小组与投诉方一致认为，尽管交通工具排放物造成了美国大约一半的空气污染，但是旨在减少此种排放物的《汽油条例》属于 GATT 1994 第 20 条第 b 款的范围。专家小组也认为，必须审查美国是否实际上已经证明被确认违反 GATT 1994 第 3 条的《汽油条例》的那些内容是实现其所宣称的政策目标所必需的。根据 GATT 1947 争端解决机制所形成的惯例，GATT 1994 第 20 条第 b 款的"所必需者"，应被理解为"除诉诸该措施外，没有可供使用的符合 GATT 的或者与 GATT 抵触最少的任何替代措施"。通过单独基准有效地阻止进口汽油获得与国产汽油相同的有利销售条件及其利益，不是实现《汽油条例》政策目标所必需的。[61]

专家小组认为，基准确定方法可以按照给予进口汽油以符合 GATT 或者与 GATT 抵触最少的待遇的方式适用于进口汽油销售商。因此，违反 GATT

1994第3条的《汽油条例》的那些内容，不是GATT 1994第20条第b款所指“为保护人类及动植物的生命或健康所必需者”。

第三、GATT第20条第d款的规定。本款允许WTO成员方采取不符合GATT 1994其他规定的另外措施，如果该措施“为保证遵守与GATT条款不相抵触的法律或规章所必需者”。专家小组审查违反GATT 1994的基准建立方法是否保证遵守与GATT条款不相抵触的法律或规章，美国辩称非退化细则（the non-degradation requirements）为不与GATT条款相抵触的法律和规章，并且基准建立方法保证遵守这些法律与规章。专家小组认为，假如基准制度本身符合GATT第3条第1款，根据GATT 1994第20条第d款之目的，美国该项制度就可能构成“不与GATT抵触”的法律或规章。但是，专家小组发现，根据基准建立方法，保持违反GATT第3条第1款的国产汽油与进口汽油之间的歧视待遇并未“保证遵守”该基准制度，这些方法不是强制实施机制，而仅仅是确定各个单独基准的规则，它们本身不属于GATT第20条第d款所关注措施的范围。

第四，GATT第20条第g款的规定。本款允许WTO成员方采取不符合GATT 1994的其他措施，如果该项措施关系保护可用竭的天然资源，并且如果该项措施与限制国内生产或消费的相关措施同时实施。[62]

美国认为洁净的空气是GATT 1994第20条第g款所指的一种可用竭的天然资源。专家小组同意此种观点，并认为采取政策减少或阻止洁净空气的枯竭是本款范围内的一项保护天然资源政策。但是，对于违反GATT 1994第3条第4款的基准建立方法是否与保护洁净的空气有关，专家小组认为，应根据GATT 1947争端解决机制的惯例。“有关”一词意味着“首要目的在于”保护天然资源，而基准建立方法的首要目的不是保护天然资源，因为在优惠上给予进口汽油以低于国产汽油的待遇与美国改进国内空气质量的目标之间不存在任何直接联系，基准建立方法的首要目的也不是保护所进口的汽油。

4.“汽油标准案”的历史意义

此案是WTO争端解决机构处理的第一起完整的案件，而且本案经历了双边磋商，专家组程序、上诉机构程序、多边监督与执行程序，为今后解决环境—贸易争端提供了良好的示范。本案的圆满解决表明：保护环境和发展贸易虽然会发生冲突，但它们之间并不是不可调和的。只要有关各方面都按照WTO的规则行事，发生冲突时不是采取简单的报复，而是按照DSU（《关于争端解决规则与程序的谅解》）所规定的程序，在WTO框架内寻求解决的办法，就可以获得双赢的结果。

（二）WTO调整国际能源贸易评析

WTO的规则体系及其成立之后的实践表明，把国际能源贸易纳入WTO体制之下，不仅仅具有理论上的可行性，而且具有现实的急需性。但是，WTO之所以在国际能源贸易领域的建树乏善可陈，最主要的原因还是WTO规则体系在调整国际能源贸易中的不完备性所致。

第一，现行WTO规则并不排除对国际能源贸易的调整。虽然WTO规则在制定的时候，各成员以“君子协定”的形式回避了国际能源贸易问题，试图不将国际能源贸易纳入多边贸易体制之下。但是，随着国际法制的推进以及从各国的需求出发，特别是在WTO争端解决机制下处理的与国际能源贸易相关的争端可以看出，WTO规则体系并不排除国际能源贸易。在WTO这一发展的、动态的贸易规则体系之下，通过对WTO的解释与补充处理与国际能源贸易相关的争端，从而实现WTO规则对国际能源贸易的调整是完全合乎WTO各成员的期望和WTO的相关规定。[63]

第二，现行WTO规则未考虑国际能源贸易的特殊性。能源虽然也为商品之一种，但是与其他商品相比其具有诸多独特性，这是WTO这一调整国际间商品贸易的规则所没有考虑到的。比如，国际能源贸易受到政府的干预程度，受国家战略的影响，政府往往会从外交、政治、经济等方面来采取能源贸易限制措施；国际能源贸易依赖于传输网络，而这类传输网络很多被政府和国有企业垄断，其限制性和歧视性商业实践常常成为能源商品自由流动的障碍；另外，国际能源贸易中能源货物贸易与能源服务贸易之间界限模糊，并无严格的区分，比如电力的生产和供应、石油和天然气的开采。将能源开采、生产、制造、冶炼等活动归属服务还是货物，国际社会包括WTO至今仍然没有定论，这些都是WTO现行规则所未考虑到的国际能源贸易的特殊性。

第三，国际能源贸易法制发展迟缓但国际能源贸易争端将日益增多。从以上的分析可以看出，无论是能源进口国还是能源出口国，能源对于其经济发展甚至国家安全都有着重要的影响，各国都不愿也不敢将能源贸易的主动权交给任何一个国际组织或者置于其他主体制定的统一法制之下，这是国际能源贸易法制发展迟缓的原因之一。[64] 因此，可以预见基于能源对各国经济的决定性影响，同时，随着国际经济关系不断向纵深的发展，国际间经贸关系更加复杂与多变，制定统一国际能源贸易法制的道路将更加艰难。但是，随着全球治理与法治理念的深入，在相关国际能源贸易争端增多的背景下，将这些国际能源贸易争端提交至WTO争端解决机制的可能性将会增大。

WTO作为一个专门调整国家间经济与贸易的国际组织，将能源贸易纳入其调整范围，一直是其夙愿之一。然而这一过程却是漫长而艰辛的，受到各国力量的掣肘，最终因为各国的分歧过大，而一拖再拖。[65] 虽然现行WTO规则未排除国际能源贸易，但是很显然，这些规则不能充分调整国际能源贸易法制，现行WTO规则既面临着调整国际能源贸易不周延的难题，也存在不兼容的困境。可以说，现行WTO规则对国际能源贸易的调整是不充分的，为了满足其对国际能源贸易的充分调整，应当对其给予完善。

第四章

“一带一路”背景下的WTO能源贸易规则革新：“多哈回合”解析

法律就像旅行一样，必须为明天做准备。它必须具备成长的原则。

——卡多佐

面临着WTO现行规则调整国际能源贸易不兼容和不周延的困境，WTO构建国际能源贸易新规则的努力一直在进行。开始于2001年的WTO“多哈回合”谈判为在WTO框架下构建新的能源贸易规则提供了契机。根据“多哈回合”谈判议程，能源贸易没有被作为一个专门的谈判议题，有关能源贸易的谈判分别在服务贸易谈判、非农产品市场准入谈判、反补贴和反倾销谈判、贸易与环境谈判等谈判议题之下进行。当时，与能源贸易相关的谈判主要分为三个部分：传统能源贸易问题、能源服务贸易问题以及可再生能源贸易问题。[66]在这些谈判中，传统能源贸易问题谈判进展缓慢、成果较少，而在能源服务谈判和以生物燃料为代表的可再生能源贸易问题的谈判上，取得了一些进展，本书将进行详细分解。[1]

1　本章部分内容参考了余敏友老师和唐旗老师发表于《世界贸易组织动态与研究》2010年第2期的《论WTO构建能源贸易规则及其对我国能源安全的影响》一文，在此特别感谢！

一、“多哈回合”能源议题概述

“多哈回合”是 WTO 法制辉煌历史的延续，作为 WTO 成立后的首轮多边谈判，其议题广泛、内容丰富。与能源贸易相关的谈判也在相关议题下被展开，但令人遗憾的是能源问题也被不断剥离，到最后，只剩下国际能源服务贸易谈判和生物燃料谈判得以延续并取得了一些进展。

（一）WTO“多哈回合”简况

2001 年 11 月，在卡塔尔首都多哈举行的世贸组织第四次部长级会议启动了新一轮多边贸易谈判，又称“多哈发展议程”（Doha Development Agenda，DDA）或简称“多哈回合”（Doha Round，DR）。“多哈回合”的宗旨是促进世贸组织成员削减贸易壁垒，通过更公平的贸易环境来促进全球特别是较贫穷国家的经济发展。谈判包括农业、非农产品市场准入、服务贸易、规则谈判、争端解决、知识产权、贸易与发展以及贸易与环境 8 个主要议题。“多哈回合”按原计划应在 2005 年 1 月 1 日前结束，但因涉及各方纷繁复杂的利益交错，自“多哈回合”启动以来，谈判进程一波三折，时至今日仍然未见实质性的进展与成果。[67]

随着 WTO 框架下“多哈回合”的止步不前，国际社会对多边贸易体制的未来持有不同的观点：一种比较乐观的观点认为，各方通过继续斡旋，在未来的几年中，为“多哈回合”而努力，将来 WTO 还会继续占领国际贸易法制的主导地位；另一种比较悲观的观点认为，若“多哈回合”谈判迟迟不能结束，各国虽不至于抛弃多边贸易体制，但肯定会产生失望情绪，并会转向双边自由贸易协定和区域自由贸易协定（Free Trade Agreement，FTA）。[68] 可喜的是，历经数年谈判，2013 年 12 月 7 日，在世贸组织第九届部长级会议上，“多哈回合”第一份成果——《巴厘一揽子协定》得到全部通过，实现了“多哈回合”谈判“零的突破”，为多边贸易体制的发展带来了一束曙光。

（二）“多哈回合”能源贸易谈判渊源

“多哈回合”最初的工作目标和谈判议题虽然宏伟且范围广泛，但是依然没有关于能源的专门议题。其中，与国际能源贸易高度关联的议题是在其他相关议题项下分别展开，所以，与国际能源贸易相关的谈判就来源于“多哈回合”设定的一些议题之下。

1. 服务贸易谈判中的能源贸易议题

近年来，各国通过对垂直且一体化的能源部门进行分拆，推动了能源服务业的兴起与发展，与能源产品相关的能源勘探、开采、运输、咨询等能源服务贸易也日渐兴起，能源服务贸易在能源产业链中的地位也更加突出和重要。依据《多哈部长宣言》第 15 条关于服务业的谈判授权，能源服务贸易谈判在服务贸易的谈判项下展开。[69]

2. 非农产品市场准入谈判中的能源贸易议题

依据《多哈部长宣言》第 16 条的规定，非农产品市场准入为“多哈回合”多边贸易谈判的议题之一，而能源产品大多属于非农产品，原油等能源进口关税目前多是非约束性的，从理论上说非约束的关税始终带有不确定性，进口国自行提高这类关税并不违反 WTO 规则。能源出口国希望在非农产品的框架下，寻求原油进口减税约束，并进一步防止能源产品的关税升级。

3. 反补贴谈判中的能源贸易议题

由于能源产业对一国的极其重要，各国都普遍存在对能源产业的补贴。同时，能源出口国的双轨定价机制一直为能源进口国所诟病。依据《多哈部长宣言》第 28 条关于反补贴议题谈判的授权，能源进口国谋求限制各国政府对能源产业的补贴与能源出口国双轨定价实践的努力有了实现的可能，从而使能源产业能够在市场化的环境中更加公平地发展。

4. 反倾销谈判中的能源贸易议题

WTO 成员对能源丰富国家能源下游产品进行反倾销调查时往往采用第三国的“未扭曲的数据”（正常价格）判断出口国产品是否构成倾销。但是，在能源资源领域，由于资源禀赋不同，第三国成本往往明显高于能源出口国的成本，因此，所谓的正常价格对于能源资源丰富的国家显然有失公平。根据《多哈部长宣言》第28条关于反倾销议题谈判的授权，可以对能源贸易中有关反倾销的问题进行讨论。

5. 贸易与环境谈判中的能源贸易议题

能源与环境问题历来关系密切，当今世界面临的环境问题从某种程度上说就是能源问题引起的。各国为了改善环境而制定的环境政策均会对能源贸易产生重要的影响。因此，可以依据《多哈部长宣言》第31条、第32条、第33条的授权，就能源贸易中与环境有关条款进行谈判，确保国际能源贸易与环境保护的协调与平衡。

6. 贸易与技术转让谈判中的能源贸易议题

能源的开采与利用日益向技术密集型产业发展，近年来，特别是清洁能源技术、节能技术的开发与应用，不仅可以提高能源的产量，还可以为能源领域内减缓大气污染、保护生态环境做出贡献。因此，可以在《多哈部长宣言》第37条关于技术转让工作组的授权下就贸易与能源相关技术的开发、利用、转让等问题进行谈判。

7. 农产品谈判中的能源贸易议题

国际能源贸易中的生物燃料的贸易与农产品密切相关，关于生物燃料贸易对传统农业的影响各国也是各持己见、争论不止，这既影响了生物燃料的发展，也不利于传统农产品的贸易。因此，各成员可依据《多哈部长宣言》第13条、第14条就农产品贸易进行谈判授权，就生物燃料贸易的相关问题进行谈判。

8. 贸易便利化谈判中的能源贸易议题

由能源本身的特殊性所决定，能源的跨境运输是能源贸易的重要手段之一，对于受油气的管道及电网的过境运输障碍困扰的成员来说，依据《多哈部长宣言》第27条的相关授权，可以就此问题展开谈判。

虽然与国际能源贸易相关的谈判在相关议题下分别展开，但因其难度大、非核心而被逐步剥离与搁置。可喜的是，2013年12月7日，世贸组织第九届部长级会议在印度尼西亚巴厘岛顺利举行。会议最后就早期收获达成一致，通过了《巴厘一揽子协定》。《巴厘一揽子协定》一共在四个方面达成了协议：

贸易便利化、农业、棉花、关于发展与最不发达国家议题。后面三个都是以若干部长决议和宣言的方式体现，而贸易便利化方面除了部长决议之外，通过了《贸易便利化协定》(Agreement on Trade Facilitation)。2015年9月4日，中国国务院作出接受WTO《贸易便利化协定》议定书的决定，标志着我国已完成接受《贸易便利化协定》议定书的国内核准程序，成为第16个接受该议定书的成员。[1]

(三)“多哈回合”能源贸易谈判概况

“多哈回合”谈判是WTO成立以来的第一轮多边贸易谈判，它包括的参与方最多、议题最为广泛。但至今谈判仍然是步履维艰，其前景也是扑朔迷离，与能源贸易相关的谈判因为其“非核心”而远远没有像“农产品”“贸易便利化”等议题一样受到重视。

在WTO“多哈回合”中有关国际能源贸易的谈判受到利益相关方的关切，因而在相关议题下分别展开了与国际能源贸易相关议题的谈判。但是，相关的谈判仍然进展缓慢，并且很多都是“乌拉圭回合”中涉及的能源贸易事项的重复，未形成突破性解决方案。其中，能源服务贸易、能源与环境、生物燃料等一些新问题被提出，反映出国际能源贸易的新动态与趋势。在现有的谈判成果中，能源服务贸易谈判和生物燃料谈判取得了一些实质性进展，成为WTO体制下能源贸易规则制定的突破口。[2]本书将对“多哈回合”谈判中这两个领域的谈判进行详细的介绍，以解析国际能源贸易规则谈判的艰辛、不易与现有成就。[70]

---

1 2015年9月4日，我常驻世界贸易组织特命全权大使俞建华向世界贸易组织总干事罗伯特·阿泽维多递交接受书，标志着我国已完成接受《贸易便利化协定》议定书的国内核准程序，成为第16个接受《议定书》的成员。参见中华人民共和国商务部网站：http://chinawto.mofcom.gov.cn/article/br/bs/201509/20150901116705.shtml(最后访问日期2023年12月8日)。

2 Guidelines For The Scheduling Of Specific Commitments Under The General Agreement On Trade In Services (Gats) S/L/92 28 March 2001，http://www.wto.org/english/tratop_e/serv_e/sl92.doc(最后访问日期2023年12月1日)。

二、能源服务贸易规则谈判

能源服务贸易是随着能源产业生产专业化与精细化的发展而逐步分离出来的，随着能源服务贸易的兴起，对其进行法律规制的呼声越来越高。在 WTO“多哈回合”中能源服务的谈判也是曲折前行，总体上随着“多哈回合”的发展历经了启动、推进和停滞三个阶段。在该议题的谈判过程中，就与能源服务贸易相关的问题，如国际能源服务贸易界定、发展中国家的参与等进行了初步的商讨，但遗憾的是，由于“多哈回合”的止步不前，目前国际能源服务贸易的谈判也处于搁置状态。

（一）能源服务贸易谈判背景

近年来，全球范围内能源服务贸易的兴起主要是由于能源产业生产专业化的结果。曾经能源产业在相当长的时间里属于垂直性经营的国营公用事业的范畴。能源产业链中从生产、购买、储存、运输直到销售到最终用户往往由国有企业垄断经营。因此，在能源产业中既没有可竞争性的领域，也没有对能源产品和能源服务的准确区分。然而，近年来各国逐渐兴起了拆分非核心的部分能源公用事业的潮流，曾经高度一体化的能源产业逐步分散为若干独立的能源经济活动，特别是很多国家对能源产业链中处于非核心和支撑地位的能源服务贸易开始分解，由此，诞生了国际能源服务贸易。

国际能源服务贸易虽然是能源产业链的非核心部门，但它绝对是必不可少的一个环节，有时甚至对整个能源产业发展起着至关重要的作用，因此对能源服务贸易进行法制化规制是有必要的。随着国际能源服务贸易的发展，能源服务贸易领域无章可循导致了国际能源服务混乱的现象频发，直接导致了能源产业发展的不稳定状态，影响了能源产业可持续发展。因此，为了保障国际能源服务贸易的健康发展，特别是从根本上保障能源贸易的发展，对国际能源服务贸易进行规制的必要性日益迫切。

（二）能源服务贸易谈判进程

2001 年“多哈回合”一经启动，一些国家推动能源服务贸易谈判的活动随即在“多哈回合”服务贸易谈判项下开始，但是由于各个国家能源产业发展水平的差异导致国际能源服务贸易谈判历经曲折。迄今为止，能源服务贸易的谈判大致经历了三个阶段：

1. 启动阶段

WTO“多哈回合”启动伊始的 2001 年至 2003 年，美国、加拿大、智利、古巴、欧共体、日本、挪威、委内瑞拉 8 个成员方向服务贸易理事会特别会议提交了能源服务谈判的提案，拉开了能源服务贸易谈判的序幕。

根据相关国家提交的谈判建议，形成了最初的能源服务贸易谈判焦点：能源服务贸易谈判的必要性；能源服务贸易与能源货物贸易的区别；能源服务贸易的界定与分类问题；特别是能源服务贸易与自然资源主权的关系问题；能源服务贸易领域国家的支持、补贴政策、自由化承诺、市场准入标准等。随着这些建议的提出，有关国际能源服务贸易的谈判在相关国家启动，国际能源服务贸易谈判也得以正式启动。[71]

2. 推进阶段

根据《服务谈判指南与程序》的规定，“请求与报价”模式成为服务贸易谈判中特定市场准入谈判的主要方式，能源服务贸易领域的初步请求与初步报价应分别在 2002 年 6 月与 2003 年 3 月 31 日前完成，但是大多数成员未能如期提交“请求”。鉴于能源服务贸易谈判的复杂性，WTO 香港部长会议拓展了相关谈判模式，在原有的“请求与报价”的双边模式外，增加了复边谈判模式。根据香港部长会议的要求，相关成员方应于 2006 年 2 月底前正式向其目标成员提出服务部门进一步自由化的共同要求清单。[72]

2006 年 2 月，美国、欧共体、沙特阿拉伯、澳大利亚、挪威等 11 个成员正式通过 WTO 向包括中国在内的众多发展中国家递交了“联合请求”。“联合请求”要求成员方就其国内能源服务市场开放的时间、范围等提供回应。[73] 虽然经历了曲折，但是能源服务贸易的谈判也随着服务贸易谈判的进程在推进。

3. 停滞阶段

2006 年 7 月"多哈回合"谈判因分歧过大而中止，包括服务贸易在内的所有议题谈判小组停止谈判，导致无任何成员提交原定于 2006 年 7 月底前必须提交的第二次修正响应清单。随后在 2007 年 2 月各项议题陆续恢复谈判，也举行了若干正式的、非正式的会谈，但由于依然无法弥合谈判各方的巨大分歧，能源服务贸易谈判最终还是未能取得突破。

（三）能源服务贸易谈判内容

能源服务贸易谈判是 WTO"多哈回合"中在能源贸易领域最为核心的并且取得成就最为显著的议题。通过分析与归纳，可以发现各成员方有关能源服务贸易谈判主要涉及能源服务的界定与分类、能源技术与来源的中立、国内规制权与参考文件、促进发展中国家参与等内容。

1. 能源服务的界定与分类

能源服务贸易谈判一经启动首先面临的是对能源服务的界定，即什么是能源服务贸易？能源服务贸易的内容包括哪些方面？能源服务贸易与其他能源贸易的区别是什么？其中首先受到关注的是能源服务贸易的界定与分类问题，主要涉及以下三个方面的问题：[74]

第一，能源货物贸易与能源服务贸易的划分。首先，由于能源作为一种商品本身的特殊性决定了一些能源货物与能源服务不易辨别。如电力，既可以认为是货物，也可以认为是服务。其次，能源生产与能源生产相关服务的界限问题。能源生产以及能源生产相关服务划分的界限很难。[75]这些关于能源货物与能源服务的区分问题已经涉及 GATT 与 GATS 的基本关系，有些国家和学者建议 WTO 对此应作出一般性规定而不是逐个部门界定；也有些国家和学者建议在具体减让表中作出相关说明。

第二，GATS"服务部门分类清单"中能源的地位问题。GATS"服务部门分类清单"（W/120）中没有一个专门的能源服务部门，很多能源相关的服务在 W/120 中找不到对应的类型归属，这导致了很多能源生产活动没有对应的分类，法律规制无从谈起。[76]同时，三个能源相关部门的范围也不清晰，这些均导致 GATS 在能源领域适用的模糊性和不确定性。[77]

第三，能源服务类别的划分。WTO 成员眼中的能源服务部门涉及面极其广泛和庞杂，为便于谈判的顺利进行，有代表团提出把能源服务根据其重要性进行划分，以一项服务活动是不是在某个能源领域供应链上不可或缺为标准将能源服务区分为“核心能源服务”与“非核心能源服务”。[78]如果一项服务活动对某个能源供应链产生关键作用，缺少其整个产业供应链就不能有效运作，那么这项能源服务就被划归为“核心能源服务”；反之，则被划归为“非核心能源服务”。[79]

2. 环境友好能源技术促进措施

能源与环境的关系问题众所周知，当今绝大多数环境问题都是由能源问题引起的。为了促进环境保护目的的实现，应当采用有利于环境保护的清洁生产技术，特别是政府部门在政策的制定或者政府主导的采购上要偏向于能源清洁技术的应用。[80]否则，如果让市场自由选择，基于市场的盲目性和商人的逐利性，一些环境友好能源技术将不能得到很好的推广和应用。一些国家的方案提出，WTO 在制定相关能源服务贸易措施时也应当促进清洁能源技术的应用，为清洁能源技术的推广制定促进措施。[81]

3. 能源来源中立政策

能源来源中立是指一个能源不分地区、种类在国际市场上进行贸易时应当同等对待，适用一样的政策和措施。一些国家的这个提议是为了避免能源活动受到政治的过度影响，但是此议题有弊有利：一方面，此政策确实可以避免对一些政治上互相对立的国家采取能源制裁措施而引起能源供给的紧张问题；另一方面，能源来源中立将导致一些更加廉价的能源的贸易，使得对环境污染更加严重的化石燃料的贸易繁盛，也有可能导致能源非法交易的盛行。同时，能源来源中立将会导致各个国家能源政策灵活性受到牵制，所以，对这些问题各个成员方的分歧比较大。[82]

4. 能源服务贸易的国内规制权问题

虽然能源贸易问题被纳入多边谈判的体系和框架之下，但是各国对能源问题的重要性丝毫没有放松，因此，在各国谈判建议以及请求报价当中，成员方对能源问题的“国内规制权”均得到明确承认。但是各成员方又认识到，成员方国内对能源贸易的过度干涉或者规制，必将使得能源贸易回归到原始的状态，因此纷纷提出方案分别从透明度、国内规章纪律、启动程序等方面对国内规制权提出了制约要求，这将导致国内规制权的行使不会像现在这么随意。[83]

有代表认为就能源服务国内规制方面的一些限制事宜应当制订一份参考文件，以详细列举或者采用负面清单的形式，为国际能源贸易创造一个公平、公正、竞争的法制市场环境。[84]就参考文件的内容而言，能源服务牵涉的层面广，涉及繁复周密的管制体系。一般认为，“能源服务参考文件”应该重点关注基础设施第三方准入保障、透明度、独立管制、竞争保障等内容。到目前为止，“参考文件”的谈判并没有取得很多成果。[85]一般来说，“参考文件”一方面，将有助于最大限度地降低国内管制带来的不确定因素，极大地推动能源服务贸易的开展；另一方面，可能束缚成员在追求各自能源政策目标之时的灵活性。

5. 对发展中国家和最不发达国家的优惠

发展中国家和最不发达国家由于经济发展水平等原因，在WTO协议中往往有一些优惠的措施和待遇。就能源服务部门而言，广大发展中国家和最不发达国家往往是能源服务贸易的输入国，是能源服务贸易的主要购买者。所以，能源服务贸易自由化过程中其国内产业将受到更加严重的打击。当然，推进能源服务贸易的自由化对发展中国家和最不发达国家也是有一定的利益的，比如能源服务贸易的自由化将促进能源服务水平的提高，也会创造更多的贸易机会。[86]从总体上看，当前发展中国家和最不发达国家仅就能源服务贸易领域做出极少的承诺，在能源部门仍维持着与其能源政策目标相适应的政策灵活度。[87]

作为国际能源服务市场上最主要的买方市场，发展中国家和最不发达国家的参与直接关系着国际能源服务贸易谈判的成败。因此，能源服务贸易谈判应该鼓励发展中国家和最不发达国家成员更多参与，鉴于能源贸易增长是大势所趋，制定合理的多边贸易规则不仅能够保证能源贸易活动的顺利进行，也能够为发展中国家和最不发达国家提供发展的机会，转变依赖能源出口的单一经济模式。关于促进发展中国家成员和最不发达国家成员的参与问题，GATS 承认发达国家成员与发展中国家成员之间服务业发展的不平衡性，对鼓励发展中国家参与进行了规定。[1] 但是，“有关规定还是不明确、不具体，执行起来没有相应的硬性判断标准。”[88] 而就此问题的多边谈判也是成果寥寥。

三、生物燃料贸易谈判

生物燃料是近年来随着科技的发展而备受推崇的一种新型能源。由于其与农业和农产品密切相关，因此，在 WTO“多哈回合”谈判议程的农产品议题下开展了相关谈判，此谈判议题更加复杂和曲折。

（一）生物燃料贸易谈判背景

近年来，生物燃料因为其价格更加低廉、更加环保而受到各国的追捧，逐渐成为各国替代化石燃料的重要选项。以美、欧为首的发达国家出台了很多生物燃料激励政策与措施，同时，一些亚洲国家（如韩国、日本等国）大幅提高生物燃料原料作物的生产。即使是最不发达国家的政府也开始启动生物燃料支持计划，试图在生物燃料领域占领一席之地。[89]

由于各国政府的有力推动，加之生物燃料的利用有望减少二氧化碳排放，改善日益恶化的环境；同时生物燃料能源促进能源供应多元化，增加农村就业机会和拓宽农民收入渠道，因此生物燃料近年来发展迅速，国际贸易份额目前已占到能源总产量的 10%左右。[90]

随着全球性的生物燃料市场悄然兴起，与之相关的各种法律问题也不断涌现，仅仅依靠各国“划地而治”的国内管制难以有效地解决问题。对于环境影响标准、粮食安全、市场准入等关键性事项，必须放到国际层面加以解决，才能够既解决由生物燃料发展而给农业和其他产业带来的冲击，也能够

1　GATS 第 4 条，第 19 条第 2 款。这些规定实际上是赋予发展中国家一项权利，即允许其将减让水平与发展水平结合起来，渐进式扩大其市场准入承诺，这对于促进发展中国家成员的参与有积极意义。

为生物燃料产业的健康发展提供保障。[91] 因生物燃料与农产品的密切关系，因此将其放在农产品、非农产品市场准备、环境产品与服务自由化议题下谈判，但生物燃料作为可再生能源的一种，被认为是与能源贸易相关的谈判。基于生物燃料在全球范围内的快速发展，对其进行法律规制的迫切性不断上升，因此，WTO“多哈回合”被寄予了规制生物燃料问题很高的期待。[92]

（二）生物燃料贸易谈判进程

“多哈回合”谈判议程中没有明确规定生物燃料谈判的问题，与生物燃料相关的“多哈回合”谈判授权在农业谈判、非农产品市场准入谈判、环境产品与服务自由化议题下进行。[93] 由于生物燃料的特殊性所致，有关生物燃料的谈判也是一波三折。

1. 启动阶段

2001 年“多哈回合”启动后，有关生物燃料谈判的议题不断涌现，但是就生物燃料纳入哪种谈判议题之下的问题存在诸多的争议，同时就生物燃料谈判中的主要问题各个代表团也是分歧巨大。历经数次的谈判与磋商，巴西代表于 2005 年向环境谈判小组提案要求将生物柴油及乙醇列入环境产品清单，2007 年再度要求环境谈判应包括生物燃料，此建议被众多国家接受。[94] 而美国等一些成员方表示反对，美欧坚持环境产品的概念系为非农产品设计，认为乙醇已经纳入《农业协定》管制。由此可以看出，生物燃料的谈判是一经启动即充满争议的一个谈判议题。

2. 推进阶段

随后在生物燃料生产大国巴西等国的推动下，生物燃料贸易法制规则谈判艰难前行。相关国家就生物燃料的法律地位问题、生物燃料的界定问题、生物燃料的类别问题、生物燃料的补贴问题等分别在“多哈回合”农业谈判、非农产品市场准入谈判、环境产品与服务自由化议题下展开了谈判。

3. 停滞阶段

生物燃料补贴问题与农产品谈判挂钩。起因是当时各方为农业补贴争执不下，联合国基金会创始人特纳于 2006 年提出将农业补贴转化为生物燃料补贴以突破农业谈判僵局的建议，于是生物燃料补贴问题成为农业立法保护争论的一部分。[95] 但随着农产品谈判的流产，生物燃料补贴的谈判亦不了了之。

（三）生物燃料贸易谈判内容

WTO 体制下“多哈回合”谈判中，在农产品谈判议题下的生物燃料贸易谈判主要涉及以下焦点问题：

1. 生物燃料的法律地位问题

如前所述，生物燃料谈判在开始阶段就是一个争议颇大的谈判议题，突出表现在对生物燃料的归属上，也就是对其法律地位的界定上，即在 WTO 框架下究竟应据其“生物性”将生物燃料归入农产品的范畴，还是据其“燃料性”将其归类为工业品，抑或据其具备“环境效应”而将其定性为“环境产品”。

在现行国际法实践中的做法对生物燃料的归属也相当混乱。世界海关组织《商品名称及编码协调制度》（以下简称 HS 税则）将生物柴油规定在第 38 章，而乙醇则规定在第 22 章；进而依照《农产品贸易协定》附件 A，生物柴油被划归为“非农产品”，而乙醇则被划归为“农产品”。这导致了二者虽同为生物燃料，却因其海关编码不同受制于不同的国内规章、关税纪律、补贴纪律以及检验检疫措施等。此外，如将生物燃料原料来源的问题考虑进来，情况就更加复杂，比如大豆、玉米等既可作生物燃料原料之用，也可作粮食之用，在进出关境时无法从物理形态或化学成分上加以区分，其区别只在于最终用途，而最终用途在进出关境时只能听信当事方单方面的陈述，其实是很难界定的。[96]

2. 生物燃料的“相似产品”问题

在 WTO 体制中“相似产品”是一个重要的概念，其认定问题不仅在 GATT 条款中反复出现，也被不少单项协定经常提及。而在争端解决实践中，相似产品的认定常常更是判断某类产品是否构成倾销、某项贸易措施是否合法的关键因素。生物燃料的“相似产品”认定主要存在两个争议：

（1）“生产过程与生产方法（Production and Process Method，PPM）”是否可以作为识别生物燃料中“相似产品”的依据。争议的实质则关乎贸易规则与环境需求之间的关系。有主张认为根据不同的 PPM，可将生物燃料区分为

“可持续”生物燃料与“非可持续”生物燃料两类“非相似产品”，进而对其适用不同的待遇以促进可持续发展。但从 WTO/GATT 争端解决实践来看，多边贸易体制对此一向持否定的态度。如在 1982 年“西班牙咖啡案”中，专家组裁决较为明确地否定了将 PPM 作为识别生物燃料中“相似产品”依据的做法，仅仅将消费者选择作为重要考量因素——PPM 可能影响到消费者对生物燃料的选择。1996 年“汽油标准案”专家组所强调的不允许因 PPM 的不同而给予较差的待遇，再度否定了生物燃料中“相似产品”的识别取决于其 PPM。

（2）最终用途是否可以作为识别生物燃料中“相似产品”的依据。产品的最终用途，一直是专家组经常用于识别“相似产品”的一个因素。如 1996 年“日本酒类税案”，上诉机构在报告中指出：“特定市场上，最终用途是确定是否存在直接竞争关系的决定因素”，从而在“相似产品”以及“最终用途”间建立起一定的联系。但该方式并非毫无漏洞，如大豆和玉米虽然最终用途差别较大，但能否因此将二者视为非相似产品，存在争议。[97]

3. 生物燃料的补贴问题

在生物燃料工业发展过程中，补贴措施的使用覆盖了从研发、原料、生产到消费的整个生物燃料产业链，其运用的密度与力度，其关涉的国际法律问题主要有以下几处：

（1）生物燃料补贴纪律的适用问题。首先，生物燃料不同法律地位引起的适用问题。如前所述，生物柴油被归入工业品范畴，相关补贴适用 GATT 1994 与 SCM 协定。而乙醇则作为农产品主要适用相对宽松的《农业协定》中的相关规定。这种同为生物燃料，纪律却宽严有别，形成了事实上的不公平，消极意义显著。其次，归入农产品范畴的生物燃料是否仅受制于《农业协定》中补贴规则的问题。这个问题实际涉及 WTO 协定之间的相互关系。一般认为《农业协定》与 GATT 1994 是特别法与一般法的关系，二者如发生抵触则《农业协定》优先；《农业协定》没有规定时，GATT 1994 则应予适用。

（2）生物燃料补贴的法律性质。SCM 协定第 1 条“补贴的定义”，补贴有三个构成要件：主体为政府或公共机构，包括中央和地方政府，以及政府委托或授权的私人机构；形式上，政府提供了财政资助或任何形式的收入或价格支持；效果是使产业或企业得到了利益。生物燃料补贴的类型尽管花样繁多，以上两个构成要件仍然是普遍满足。[98]对于第三个构成要件，SCM 协定只在第 14 条规定了利益计算的方法。政府干预生物燃料市场广泛存在，供应、需求、价格都是在各种干预措施综合作用下形成的。因此，识别某项生物燃料补贴是否构成 SCM 协定意义上的“补贴”，面临着是否有可行的市场衡量基准的难题。总之，考虑到生物燃料的特殊性，在判定将生物燃料补贴纳入 SCM 协定的管制是一个非常复杂的问题。

（3）生物燃料领域的上下游补贴与交叉补贴的问题。“上下游补贴”与“交叉补贴”的主要特征在于政府资助的接受者与利益的接受者分属两种相互关联的产品的生产者。WTO 实践将之视为间接补贴来处理。间接补贴在生物燃料中是比较突出的。生产环节以外的补贴，如果着眼于单个环节，“补贴”或其可诉性的成立有一定的难度，例如对于原料或间接投入的补贴，如果是广泛的支持计划的一部分，专向性不是很明确；对于分销环节的补贴，应适用服务贸易补贴纪律，而纪律本身比较模糊；对于消费补贴实际上整个经济都在使用，利益也较难判断。然而，如果把对于原料或间接投入的补贴、分销环节的补贴、消费补贴等视为对生物燃料产品的间接补贴，证明“利益”“专向性”存在的可能性就非常大。

（4）归入农产品的生物燃料的补贴性质问题。对于乙醇等列入农产品范畴的生物燃料，按照条文冲突时《农业协定》优先的原则，依照 SCM 协定已经处于可诉补贴状态的科学研究补贴等，有可能凭借《农业协定》“绿箱”措施的规定而通行无阻。此外，有人认为给予利用休耕地种植生物燃料原料作物的补贴，也可能构成“蓝箱”措施。

四、WTO 能源贸易谈判评析及趋势预判

WTO“多哈回合”的搁浅，使得重现曙光的多边体制下国际能源贸易谈判再度陷入了困境。但是，基于全球治理背景下国际法治的发展，以及国际能源贸易本身的需求，可以肯定的是在 WTO 体制下制定国际能源贸易法制新秩序必将是不可回避的议题。

（一）WTO能源贸易谈判评析

WTO“多哈回合”中与国际能源贸易相关的谈判，使得在多边体制下重构国际能源贸易法制新秩序不只是停留在理论探讨层面，而是开始了实践。虽然，“多哈回合”的谈判授权并未明确将能源贸易自由化作为单独的谈判议题，但从相关议题及谈判的实践分析，可以看出，国际能源贸易谈判已经切实地成为“多哈回合”的一部分，在多边贸易体制下构建国际能源贸易法制新秩序的序幕已经开启。

综观“多哈回合”谈判，国际能源贸易并非授权的专门的谈判议题，因此，与国际能源贸易相关的谈判是分散在服务业、非农产品市场准入、反补贴、反倾销、贸易与环境等议题谈判中进行的。与国际能源贸易相关的谈判总体上可以分为三类：传统能源贸易事项；能源服务贸易事项；以生物燃料为代表的可再生能源贸易事项。其中，能源服务贸易谈判和生物燃料贸易谈判走在谈判的前列，取得了一定的成效，而传统能源贸易事项谈判依然止步不前。[99]

WTO“多哈回合”谈判中与国际能源贸易相关的首要议题是国际能源服务贸易谈判。国际能源服务贸易是随着世界范围市场向纵深发展之后才被划分出来的。近年来，在能源产业链上涌现出油气田服务、独立发电商的相关服务、能源中介服务、能源运输与管网服务、合同能源管理、减排交易等相关服务的服务部门。[100]这些服务部门作为国际能源贸易不可或缺但非核心的一部分，各国易于达成共识。因此，“多哈回合”一启动，相关国家推动国际能源服务贸易谈判的活动随即开始，迄今为止的谈判中涉及了能源服务的界定与分类、能源技术中立与来源中立、国内规制权与参考文件、发展中国家的参与等焦点事项等内容。可以说，就国际能源服务贸易事项的法律规制，国际社会已经达成了相当广泛的共识。

WTO“多哈回合”谈判中与国际能源贸易相关的另一个重要议题是生物燃料贸易谈判。近年来，各国生物燃料政策措施呈现出高度支持和保护的特征，严重地制约了生物燃料国际贸易的进行，也制约了生物燃料技术的发展。

因此，从 WTO 的角度审视各国生物燃料贸易的合法性，或者从生物燃料贸易的角度审视 WTO 规则的完备性已经是迫切而紧要的议题。很显然，现行 WTO 规则适用于这一新兴领域时面临着一系列新问题，如生物燃料在 WTO 法中的地位问题、相似产品问题、补贴问题、可持续标准的性质问题等。在"多哈回合"谈判中，与生物燃料相关的补贴、税收优惠、政府采购、关税措施、技术措施、市场保证等成为谈判的核心议题，并且已经取得了初步的成效。

可以看出，在 WTO 体制下构建国际能源贸易法制新秩序的历程虽然步履蹒跚，但是这一征程已经启动。"良好的开始是成功的一半"，我们相信，随着国际社会对国际能源贸易法制化认识的深化，随着各国共识的不断凝聚，WTO 体制下国际能源贸易法制新秩序必将形成。

（二）WTO 能源贸易谈判预判

在石油贸易国际机制的未来发展中，WTO 究竟能否扮演一个更为积极与重要的角色，引导国际石油贸易健康有序地发展？回答这个问题或许为时尚早，但也并非毫无头绪。如果说 WTO 第一案因石油而起，第一轮多边谈判回合于卡塔尔（同时为 OPEC 与 WTO 成员）首都多哈发动仅仅只是巧合的话，近年来建立 WTO 能源新规则的呼吁时有所闻则是不争的事实。WTO 通过一系列相应的规则调整，终将在国际能源贸易领域有所作为。作出这样判断，主要是基于以下理由：

第一，"能源安全""气候变暖"已经是举世瞩目的问题，作为当今世界最有影响力的全球性经济组织，不能不对此有所回应，在 WTO 框架下展开能源谈判的动力因而日益充足，然而诸多主客观制约因素却不容回避，使得这一进程困难重重。主观上的障碍依然是源于石油贸易以及其他能源贸易的政治敏锐性，各国对于建立全球规则谨慎有加，进而裹足不前。客观上的障碍则来自 WTO 当前自身的困境，"多哈回合"搁浅，双边、区域主义挑战多边主义，一时之间，区域安排似乎成为解决能源安全问题的范式与潮流。

第二，区域贸易安排固然有着相对紧凑灵活、决策便捷等优势，但终究只能是权宜之计，仅凭其“歧视性”的基础及成员的有限性，便决定了其难以成为全球经济一体化时代的主导力量。

第三，国际能源贸易本身是能源安全的实现途径之一。以自由贸易原则为宗旨的多边贸易体制代表了未来国际能源贸易发展的应有方向，若能将国际能源贸易纳入世界自由贸易的范畴，让市场充分发挥资源配置作用，则有望实现能源在世界范围内的最优配置，以及可持续的能源安全目标。

因此，对 WTO 而言，对国际能源贸易进行有效规制就不只是审时度势的一项被动选择，而更是一份应该主动担当的责任。多边贸易体制的发展绕不开国际能源贸易，国际能源贸易也躲不过多边贸易体制。

第五章

“一带一路”背景下 WTO 能源贸易规则前瞻：《能源协定》

法律应该是稳定的，但不能停止不前。

——庞德

国际社会建立能源统一贸易规则的努力几经周折，历经了从改革现有能源合作机制的尝试，到建立统一、综合的世界能源组织的努力，最终，将调整全球能源贸易的重任落到 WTO 的肩上。

基于能源贸易的特殊性，被誉为“经济领域联合国”的 WTO 对能源贸易的规制也非一蹴而就，时至今日，WTO 仍未建立起有效的能源贸易规则。WTO 规制能源贸易的形式也有不同版本的探索，如：对既存 WTO 规则进行解释使其适用于能源贸易；针对能源贸易制定 WTO 修正案；制定全面的《能源协定》，将其纳入 WTO 一揽子协议。最终，制定 WTO《能源协定》因其全面性、综合性而被推崇。本书结合全球能源贸易的现状及正在进行的 WTO“多哈回合”谈判，分析 WTO《能源协定》的具体制度设计，进而探讨这一新的能源贸易体制将对全球特别是能源出口国和能源进口国能源贸易产生的影响。

一、《能源协定》的缘起

无论是从成员数量，贸易规则的完备程度，还是权威性考量，WTO 都被公认为当今国际社会中规模最大、最权威、最高效的经济组织。由于 WTO 具有系统性的规则、透明的运行程序、高效的争端解决机制和最为广泛的成员代表，因此，在 WTO 框架下处理能源贸易问题将是最为理想的选择。

（一）WTO 与能源贸易

能源贸易规则问题与多边贸易体制渊源已久，早在起草建立“国际贸易组织”（International Trade Organization，ITO）的《哈瓦那宪章》时，有关规范能源这一重要战略物资的纪律就已被提出。但当时由于主要能源出口国未参加谈判，且由于能源的战略性质导致很多谈判方对统一能源贸易规则的制定非常谨慎，使得制定统一能源贸易规则的努力最终流产。后来，关贸总协定（General Agreement on Tariffs and Trade，GATT）启动的东京回合谈判和乌拉圭回合谈判，对制定能源贸易规则进行了初步的尝试。但终因能源贸易牵涉国家对自然资源的主权，以及能源与资源问题的敏感性而再次无果而终。直至 1995 年 WTO 成立时，多边体制下专门的能源贸易规则仍然没有建立起来。

起始于 2001 年的 WTO“多哈回合”谈判，将非农产品准入问题、反倾销、补贴与反补贴、贸易与环境、贸易与技术转移、服务贸易、政府采购透明度、竞争政策等议题作为谈判的主要议题。由于能源贸易涉及产品、服务及技术等各个方面的问题，与以上议题均有交集，并且能源贸易在全球贸易中比重的增加和在成员方经济发展中作用的突显，各国对能源贸易问题更加重视。因此，能源贸易谈判也在以上议题的框架下展开，目前谈判主要集中在能源服务贸易领域和生物燃料领域。

多哈回合历程复杂、艰难，至今仍扑朔迷离，能源问题也不像农业、贸易便利化问题一样成为谈判的焦点。但是，基于以下理由，我们相信，能源贸易纪律的建立势在必行，将能源贸易规则纳入 WTO 框架指日可待。第一，全球法治化进程的推进，全球事项，特别是贸易领域法治化不断加强，将能源这一重要项目纳入法制化轨道是大势所趋；第二，作为全球最大的经济组织，将能源贸易纳入 WTO 体制的管辖范围，将是最可行的途径；第三，能源作为最重要的商品，将其排除在全球统一的贸易规则和体制之外，对于 WTO 这一全球最大的经济组织是一缺憾，对于保障全球经济发展也是一软肋，因此将能源贸易囊括在 WTO 体制之下，也是 WTO 实现自身发展与完善的需要；第四，许多能源贸易大国先后加入 WTO，为 WTO 框架下规制能源贸易问题提供了可能。

（二）WTO 规制能源贸易形式探讨

WTO 框架内规范国际贸易的形式，既有调整不同领域贸易内容的多边协定，如《关税与贸易总协定》（GATT）、《服务贸易总协定》（GATS）、《与贸易有关的知识产权协定》（TRIPS）等；又有规范专门产品贸易多边性协定，如《农产品贸易协定》《实施卫生与植物卫生措施协定》（SPS）；还包括诸边性的协定，如《政府采购协议》《民用航空器协定》等。关于将能源贸易纳入 WTO 体制的模式主要有三种：

1. 制定《能源协定》

这种模式是指构建一个包括能源贸易条款在内的全面的、综合的、独立的能源贸易协定，统一对能源贸易的基本原则、具体规则以及其他相关的问题进行规定。在 WTO 框架中已有此类专门性的协定，如《农产品贸易协定》和《纺织品协定》。WTO 成员还可以根据成员方的接纳程度，决定此类协定是多边性的还是诸边性的。

在 WTO 体制中构建一个统一的《能源协定》有利于对能源贸易的统一规制，这一协定既可以适用于能源产品贸易，又可以适用于能源服务贸易，还可以规定与能源贸易相关的补贴，双轨定价等问题。这样一个统一的能源贸易协定是最为理想的在 WTO 下构建的能源贸易规则模式，将能够一劳永逸地实现对能源贸易的规制。但是，这一模式也将面临巨大的制度和技术困境：首先，由于能源在各国发展中的战略性地位，协调各成员方的立场将是一个巨大的困难；其次，能源贸易涉及的问题繁多，既包括能源产品贸易，又包括能源服务贸易，同时能源产品类别也是多种多样，如何适用统一的贸易规则将是一个难题；最后，WTO 制定统一能源贸易协定后与其他调整能源的国际组织在职权方面的协调将是一个重要问题。[101]

2.WTO 协定修正案

WTO 框架下规制能源贸易的另一种模式是在 WTO 协定下构建一个关于能源贸易具体的、专门性条款，即对 WTO 协定进行修正。

这一模式或许是在 WTO 框架下规范能源贸易最便捷和可行的解决途径。但是，能源贸易问题异常复杂，首先，就能源的种类来说，能源包括化石和非化石燃料，具体来说包括石油、天然气、煤炭、木料、原子能和新能源（太阳能、风能、潮汐能）产生的电能、可再生能源以及生物燃料，所有这些形式的能源都纳入一条或者几条修正的专门能源贸易规则和竞争规则进行规范似乎是不可能的。其次，能源的生产和交易是一个复杂的过程，通常包括货物贸易和服务贸易以及受到知识产权规范的技术。最后，从能源贸易的参与主体讲，能源贸易领域政府与国有企业的参与程度非常高，这就要求在竞争和政府采购上制定统一的规则。[102]因此，通过修正案的形式，可能还是不会对能源贸易进行非常周延的规定。

3.WTO 协定的解释

在 WTO 体制下规制能源贸易的第三种可供选择的模式是通过对 WTO 协定进行解释的方式明确 WTO 协定适用于能源贸易的具体问题。依据 WTO 法律规定，享有 WTO 法定解释权的主体有四个，即：部长级会议、总理事会、专家组和上诉机构。通过这些主体的解释明确 WTO 规则能够适用于与能源相关的贸易。

这种“权威性的解释”有助于明确 WTO 框架下与能源贸易相关条款适用于能源贸易的可行性。但是，这一调整方式将会带来一系列的问题：首先，WTO 现有规则不是针对能源贸易，即使通过解释的形式将其适用于能源贸易，但对能源贸易的保障也是不充分的。其次，现有 WTO 规则不能涵盖能源贸易的各个方面，能源贸易既涉及能源货物的贸易又涉及能源服务贸易规则，然而，GATS 没有为能源服务贸易通过固定设施提供一个全面的法律框架。最后，能源贸易将适用一个分散的规则体系，将出现规范的选择与竞合问题。因此，仅仅通过对现有协定的解释还不能够达到对能源贸易进行调整的目的。

通过以上分析可以看出，在 WTO 体制下制定一个全面和统一的《能源协定》，这将是 WTO 体制下调整能源贸易最佳的模式。[103]

二、《能源协定》的基本原则

《能源协定》作为 WTO 框架下专门规范国际能源贸易的纲领性文件，其中应当规定国际能源贸易应当遵循的基本原则。国际能源贸易的基本原则是指被各国公认和接受的、在国际能源贸易领域具有普遍指导意义、体现国际能源贸易特点的基本准则。国际能源贸易作为国际货物贸易的一种，其基本原则是建立在国际法和国际经济法的基本原则之上的，并且与这些基本原则保持一致。

关于国际能源贸易的基本原则究竟有哪些，至今仍然没有权威和统一的界定，但是本书认为，国际能源贸易的基本原则应当包含以下特征：首先，国际能源贸易的基本原则应当遵循国际法、WTO 法的基本原则，并且是国际社会所公认和接受的基本法律准则；其次，国际能源贸易的基本原则应当贯穿整个国际能源贸易法制体系，是对国际能源贸易活动具有普遍指导作用的基本准则；最后，国际能源贸易基本原则应当体现和反映国际能源贸易的特点与特殊性。

综合考虑国际法、国际经济法和 WTO 法的基本原则，以及在充分考虑国际能源贸易特殊性的基础上，本书认为 WTO《能源协定》主要应当包括国家能源资源主权原则、国际能源贸易自由化原则、国际能源贸易新秩序原则等基本原则。

（一）国家能源资源主权原则

能源资源主权原则指每个主权国家对其境内的能源资源享有绝对的主权，不容任何国家的干涉和侵犯，任何国家既享有独立自主地决定国内能源事务的权力，也享有对国际能源事务的平等的参与权。[104] 在《能源协定》中规定国家能源资源主权原则主要是基于以下两个考虑：

一是，国家能源资源主权原则是国际法的基本原则之一，该原则在国际能源贸易领域的体现当然就是各国对其能源资源的绝对主权原则，因此，国际能源贸易应当遵循国际法的基本原则。国家能源资源主权原则主要有两个方面的表现：一方面，各国具有独立自主地制定各种国内的和涉外的能源贸易政策和立法的权力；另一方面，各国均有权独立自主地开展对外缔结或者参加各种国际能源贸易事务的国际条约或者组织的权力。[105]

二是，国家能源资源主权原则已得到现行国际法所确认。这方面的主要规范性文件有：1962 年联合国大会第 17 届会议通过的《关于自然资源之永久主权宣言》，就已经确认了各国对其自然资源包括能源资源的永久主权；1972 年联合国在瑞典的斯德哥尔摩召开的“联合国人类环境会议”上通过的《人类环境宣言》再次确认了各国有按照本国的环境政策开发自己资源的主权；[1] 此外，还有 1974 年联合国大会通过的《建立新的国际经济秩序宣言》、1982 年的《联合国海洋法公约》、1991 年的《能源宪章条约》、1992 年联合国环境与发展大会通过的《里约环境与发展宣言》《联合国气候变化框架公约》等法律文件均对各个国家能源资源的主权性给予确认。

（二）国际能源贸易自由化原则

贸易自由化原则是建立 WTO 的初衷，也是 WTO 的根本性原则。作为 WTO 尊崇的基本理念，该原则是指限制和取消一切妨碍和阻止国际贸易开展的所有障碍，这一原则由互惠原则、关税减让原则以及取消贸易壁垒原则等组成。

贸易自由原则应当规定在 WTO 体制下任何有关能源贸易的规范之中，以确保其充分实施，特别是对能源这一大宗商品而言，贸易自由是建立统一能源贸易规则的初衷。[106] 该原则应当建立在 GATT 第 5 条“成员方应当保证在其领土上贸易自由的原则”规定的基础之上，另外，成员方应当采取便利

1 参见：《人类环境宣言》第 21 条。

化措施，如《能源宪章条约》第 7 条规定的措施，取消出口限制，从而达到国际能源贸易真正的自由化。

（三）国际能源贸易新秩序原则

国际秩序一般是指在一定世界格局基础上形成的国际行为规则和相应的保障机制。在国际能源贸易领域，现行的贸易秩序具有高度“碎片化”和政治化的特征，可以说，它是国际经济旧秩序最为真实的写照。在这一旧秩序下，发达国家垄断着国际能源贸易。所以说，为了改变这一不合理的旧秩序，应当结合正在构建的国际能源贸易新秩序而建立一个公平、合理的国际能源贸易新秩序，重新平衡国际能源市场上能源进口国与能源出口国的合作关系，消除能源出口国与能源进口国之间的摩擦与障碍，保障国际能源贸易的顺利进行。[107]

以上国际能源贸易的基本原则应当规定在 WTO《能源协定》当中，这些原则既遵循了国际公法、国际经济法和 WTO 法的基本原则，又充分体现了能源的特殊性；这些原则是保护国际能源贸易顺畅进行的基本准则，对整个国际能源贸易法制应当具有指导作用。

三、《能源协定》的主要内容

作为规范能源贸易的统一、全面和综合的协定，在 WTO 协定框架下构建能源贸易规则，除了规定国际能源贸易的基本原则之外，还应当重点规定包括界定能源贸易中的相关概念，明确能源贸易中的具体规则。WTO《能源协定》的核心条款及内容应当涉及以下方面的内容：

（一）概念界定

能源贸易作为一个动态过程，所涉问题冗繁而多样，既涉及理论困境，又涉及实践问题；既蕴含政治考量，又牵涉技术掣肘。为了能够对其进行准确的区分和规范，WTO《能源协定》首先要对能源贸易过程中的相关概念进行准确的区分和界定，以便于对其规制。

1. 能源

能源是一个宽泛和综合的概念，它包含很多种类和形式。根据不同的标准，能源可以划分为不同的类别。因为在能源贸易链中，初级能源和次级能源处于不同的阶段，有着不同的价值，最易于划分，因此，WTO《能源协定》最宜按形成对能源进行分类，可以将能源分为初级能源和次级能源。

（1）初级能源

初级能源又称能源资源或原材料，它指从自然界直接获取且不改变其形态的能源，即指在原材料中的能源成分转换为热能或者动力能之前所采掘或者获取的物质。

初级能源是目前能源贸易的主要对象，也将是 WTO《能源协定》规制的主要对象。初级能源主要包括：①石油，石油广泛应用于现代工业经济之中，被誉为“经济的血液”，是全世界范围内需求最大的能源资源。据估算，石油资源占据全球自然资源出口量的 70% 以上。②天然气，天然气目前主要应用于居民和商业部门。但是，基于成本和环境的原因，天然气将在工业领域获得越来越广泛的应用。

（2）次级能源

次级能源又称能源产品或者二次能源，它是指经过自然的或者人工的加工转换成另一种形态的、可使用的能源，它包括了所有经初级能源转换而来的能源，如电力、汽油、煤油等。次级能源由于比初级能源的利用更为有效、清洁和方便，因此在人类日常生活和经济生产中被广泛使用。其中，电力作为次级能源基于其方便、清洁等优点，是全球范围内需求增长最快的能源，据估算，其消费将在 2007 年至 2050 年增长 115%。

2. 能源贸易市场主体

由于能源资源全球分布的不均以及能源运输固有的特点，全球能源贸易主要在能源出口国、过境国和进口国三者之间展开博弈。同时，基于能源贸易的战略性，国际市场上能源贸易的主体主要是通过国家背景的国有企业进行的。

（1）能源出口国

能源出口国主要是指国际市场上能源的供给方，这些国家处于国际能源市场的主导地位，在国际能源市场上话语权最强，是 WTO《能源协定》制定的主要反对者。

从具体的种类来分析，就石油而言，中东地区是世界上最大的石油生产地，其中沙特阿拉伯占有最大份额；全球天然气主要分布于：俄罗斯、伊朗、卡塔尔和土库曼斯坦等国家和地区；就电力而言，美国是电力最大的生产国，法国、巴拉圭和加拿大也是电力出口的大国。

（2）能源进口国

能源进口国是指因国内能源资源的匮乏或者经济发展的需求，而需要从国际能源市场上获取能源的受供方，这些国家受到国际能源供给的影响最大，对全球能源贸易规则有着更加强烈的渴望，是全球能源贸易规则的主要推动者。

在全球范围内，欧盟是全球范围内最大的能源进口方，美国为第二大能源进口方。

（3）能源过境国

全球能源资源分布最大的特征是地理上的不均匀，而又由于能源的特性导致全球能源贸易极大地依赖于交通和路线的运输。比如，石油主要通过油轮和输油管道运输；天然气主要通过天然气管道运输；电力不同于石油和天然气，只能在充分的基础设施配套后通过电网才能送到目的地。这样做导致的结果是能源在运往进口国的时候，往往需要通过第三国。比如，阿塞拜疆的石油通过土耳其到达格鲁吉亚。

因此，主要的过境国在能源贸易中发挥着重要的作用。如何在 WTO《能源协定》中规范能源过境第三国的权利与义务，使其保障能源的过境与安全是一个重要的焦点问题。

（二）具体规则

能源贸易问题与其说是一个战略决策问题，倒不如说是一个技术问题。全球统一的能源贸易规则之所以没有建立，主要是由于没有制定出符合各国意志的能源贸易规则，只要有设计合理的贸易规则，终将保证能源贸易的顺利进行，WTO《能源协定》应当包括以下具体的贸易规则：

1. 对固定基础设施的规定

能源贸易中的绝大部分是通过固定基础设施完成的，所以，在 WTO《能源协定》中明确固定基础设施是货物贸易中“运输方式”非常必需。[108]同时，必须在 ECT 和 EU 规定的基础上，制定具体的固定基础设施的有关规则，如：第三方的准入问题；设施新的或者额外的能力问题；对能源流向的不干涉原则等。[109]

2. 对国有企业的规定

能源贸易有别于其他普通商品贸易的一个重要特点是具有国家背景的国有企业的广泛参与，因此，对能源贸易规制的一个难点也就在于对国有企业的规制，虽然现在有越来越多的私营企业也参与其中，但是国有企业在全球能源贸易中的份额和力量仍然占主导地位。这样就必须规定具有特殊和排他特权的国有企业和私营企业均将适用的贸易规则，对国有企业的补贴等问题也进行规定。

3. 与投资相关的问题

能源贸易主要是通过固定基础设施来完成的，这些固定基础设施都是资金密集型的基础建设，现阶段以政府投资为主，但是，随着投资范围的扩大以及能源贸易市场上私营企业的大规模参与，私人投资于这些固定基础设施将是不可或缺的。然而，这些私人投资需要一个友好的、公平的投资环境。在 WTO《能源协定》中应该对投资建设固定基础设施（如石油、天然气运输管道）中涉及的市场准入、国民待遇等问题进行规定。

4. 例外条款

由于能源对一国经济发展，甚至国家安全的重要性，要考虑在全球统一的能源贸易规则之中，除了在 WTO 例外条款，如《关贸总协定》第 20 条和《服务贸易总协定》第 14 条的“一般例外”和《关贸总协定》第 21 条和《服务贸易总协定》第 14 条之二“安全例外”，以及知识产权保护的例外的基础上，规定能源贸易特殊的例外规定，使得一国在发生紧急或必要情况时，背离 WTO 自由贸易规则，保障国内能源供给，维护经济稳定。

能源贸易所涉主体众多、类别多样、细节繁杂，因此需要大量的具体规定给予明确，这些具体规定还应当包括建立专门的能源委员会、能源领域的市场准入制度、国内支持承诺、出口禁止和限制的纪律、出口补贴承诺、关于能源贸易争端的磋商和解决等条款。制定完善的具体规则将是 WTO 能源贸易谈判的重点，也将是决定 WTO《能源协定》成败的关键，无疑也将是难点问题。

四、《能源协定》的影响

能源对一国经济发展有着巨大的影响。能源贸易占据全球贸易量的最大份额，然而能源贸易的确长期游离于法制化的贸易规则之外，这显然与全球法制化的进程背道而驰，与各国保障能源安全的意愿格格不入。在 WTO 体制下制定《能源协定》实现对能源贸易的统一规制，将长期游离于全球贸易规则之外的能源贸易纳入法制化的轨道，必将对全球能源供给、消费格局以及经济的发展产生深远影响。从总体上说，在 WTO 体制下缔结《能源协定》达到对国际能源贸易的统一调整，积极意义必将大于消极意义，但是由于能源出口国和进口国在国际能源市场上处于不同的地位，这一协定又会对其产生不同的影响。

（一）对能源出口国的影响

能源出口国以能源为筹码，在国际能源市场上占据着主导地位。建立统一的能源贸易规则对其必将是约束和制约，能源出口国也将是阻碍能源贸易建立国际统一法制的主要力量。WTO 体制下新的能源贸易规则的建立将对能源出口国产生重要的影响。

第一，能源出口国的国内能源政策将受制于统一的国际法制。能源出口国国内关于能源产量、能源补贴、能源税收、能源支持措施等政策将受到牵制，这对于以能源出口国为主导的相关国家将产生重大影响，特别是有些主要依靠能源出口的单一型经济的国家有可能失去经济的主导权。[110]

第二，能源出口国有可能沦为发达国家的“能源殖民地”。广大的能源出口国多为发展中国家和欠发达国家，受到其综合国力和谈判能力的制约，其在多边体制下的谈判能力有限，因而在以发达国家占多数的能源进口国主导下的多边贸易谈判中制定的相关多边能源贸易规则必将有利于能源进口国，在这样的规则体制下，能源出口国可能会再次陷入被“殖民”的状态，而成为向发达国家输出能源的“能源殖民地”。

（二）对能源进口国的影响

能源进口国无疑是将能源贸易纳入 WTO 的框架下，制定统一的 WTO《能源协定》的主要推动力量。这一新体制的建立对全球能源贸易法制化及其能源贸易争端的解决，特别是能源出口国将产生重要的积极意义。

第一，保障能源贸易的公平与公正。WTO《能源协定》将为全球能源贸易提供一个法制化的平台，将使能源贸易运行在法制化的轨道上，避免能源贸易受到政治等其他因素的影响，防止出现能源输出国要挟市场、限制出口、随意哄抬价格的行为，保障能源进口国的利益。[111]

第二，有利于妥善解决能源贸易争端。WTO 的争端解决机制被誉为 WTO“皇冠上的明珠”，它为 WTO 功能的充分发挥和全球贸易的有序运行发挥了重要作用，WTO《能源协定》制定后，与能源相关的贸易争端将统一适用于 WTO 争端解决机制，这一法制化的争端解决平台将避免能源贸易争端的扩大化与政治化，保障与促进能源贸易的有序进行。

通过比较与分析可以看出，在 WTO 体制下制定统一的《能源协定》，进而将与能源贸易相关的问题进行全面的规定，无疑是在 WTO 体制下建立国际能源贸易法制新秩序最为理想的途径。这一专门性的纲领性文件将对国际能源贸易市场产生重要影响，当然，由于能源进口国和能源出口国的利益重点不同，这一规则体系影响的侧重点是不一样的。在这一新规则体系建立的过程中，特别要打破能源出口国的顾虑，建立公正、合理、公平的能源贸易秩序，真正实现国际能源贸易法制“新”秩序的建立。

第六章

"一带一路"背景下 WTO 能源贸易规则谈判与中国：考量与对策

没有永恒的法律，适用于这一时期的法律决不适用于另一时期，
我们只能力求为每种文明提供相应的法律制度。

——柯勒

为了满足经济高速增长的需要，中国需要大量的能源支撑。然而，中国面临着国内能源供给不足、人均消费量高、能源供给长期处于紧张态势等现实难题。于是，从国际市场上获取能源以满足国内市场的发展需求便是不二的选择。现在中国已经成为国际能源市场上重要的一员，WTO 构建的国际能源贸易新规则体系，必将对中国的能源供给及国内能源产业发展产生重要影响。因此，中国应当从国际和国内两个层面，从长计议、积极应对，以保障能源安全，进而保障经济发展、维护国家安全。

一、“一带一路”背景下中国能源国际贸易概况

伴随着工业化进程的不断推进，中国的能源需求量不断增大，中国在国际能源市场的角色与定位历经了能源出口国、能源净进口国、能源进口大国的转变。由国际能源市场风起云涌的变化及中国自身能源供给的格局决定，能源的国际贸易在中国呈现着独有的特征并具有重要的战略意义。

（一）中国国内能源资源现状

总体来说，我国幅员辽阔、地大物博，各类能源资源品种较为齐全、储量也相对丰富，但是，与我国庞大的人口基数和国内经济发展面临的巨大需求相比，我国国内能源供给面临着严峻的形势。[112]

第一，能源总量庞大，但人均占有量少。中国拥有较为丰富的化石能源资源，其中，煤炭资源占据主导地位。但是，中国人口众多，人均能源资源拥有量在世界上处于较低水平。

第二，能源资源分布不均衡，跨区域运输压力大。中国能源资源分布广泛但极不均衡。比如，煤炭资源主要分布在华北、西北地区，水力资源主要分布在西南地区，石油、天然气资源主要分布在东、中、西部地区和海域。而中国的能源消费地区主要集中在东南沿海经济发达地区。[113]由此可见，中国的资源分布与能源消费地域存在明显差别。这种状况就导致了大规模、长距离、跨区域的北煤南运、北油南运、西气东输、西电东送的能源运输格局，这种分布状况构成了中国能源流向的显著特征和能源运输的基本格局，直接导致我国国内能源资源利用成本较高。

第三，我国能源供给结构不合理且能源利用率较低。长期以来，我国能源供给以煤炭为主，这导致了由能源引起的环境问题比较突出；同时，中国优质能源资源相对不足，直接制约了能源供应能力的提高；另外，我国能源资源分布不均，也增加了持续稳定供应的难度。此外，我国经济增长方式粗放、能源技术装备水平低和管理水平相对落后，这些因素均导致我国单位国内生产总值能耗和主要耗能产品能耗高于主要能源消费国家平均水平，在能源利

用率较为低下的状态下单纯依靠增加能源供应，难以满足持续增长的消费需求，同时这种状况也进一步加剧了能源供需矛盾。

第四，我国能源产业发展迅速，但供给依然紧张。历经几十年的发展，我国能源产业体系基本形成，并呈现出能源供给种类、方式、途径的多元化发展趋势。目前，我国已经初步形成了以煤炭为主体、电力为中心、石油天然气和可再生能源全面发展的能源供应格局，基本建立了较为完善的能源供应体系。[114]近年来，我国能源综合运输体系发展较快，运输能力显著增强。我国已经建设了西煤东运铁路专线及港口码头，形成了北油南运管网，建成了西气东输大干线，实现了西电东送和区域电网互联。然而与经济的长远发展需要相比，我国目前的能源供给仍然较为紧张，特别是洁净、高效能源缺口依然巨大。

（二）中国能源资源进口态势

在国际能源市场上，中国的身份伴随着自身经济的发展先后历经了能源出口国、能源净进口国，到今天能源进口大国的转变。由中国自身的国情所决定，中国参与国际能源市场，从国际能源市场进口能源呈现出以下特征：

第一，我国能源进口量增长迅速且数量庞大。伴随着经济的高速发展，中国能源需求日益增大，在国内能源资源相对短缺的背景下，为了保障经济的高速发展，中国从国际市场进口大量的能源资源便成了必然的选择。[115]

第二，我国能源进口地集中，进口路径单一。目前，我国能源进口地主要集中在中东波斯湾沿岸国家，这些国家中有部分国家因为国内政治情况复杂，政局不稳，给我国能源稳定供给增添了变数；[116]另外，从这些国家进口的能源必须通过亚丁湾入印度洋，经马六甲海峡运入我国南海，最终到达我国各港口。[117]这一路途中，亚丁湾一带经常有海盗活动，对我国包括能源运输在内的所有贸易船只均构成威胁，在多国的打击和护航下现在情况虽然有所转变，但未能从根本上解决问题，而马六甲海峡作为战略要道，在关键时刻将制约我国能源进口安全。

第三，进口能源以化石燃料为主，易引发严重的环境问题。我国国内能源消费结构中主要是化石类燃料，从国际市场上进口的能源也主要是化石类能源，这些巨量进口的化石类能源的消费对环境造成巨大影响。可以说我国能源进口量剧增的同时也带来了更多的环境恶化问题。因此，我国应当更加重视清洁能源，特别是能源技术的进口。

（三）中国能源国际贸易特征

中国的国际能源贸易状况不仅关系着本国经济的发展、国家安全，也关系着世界政治、经济和能源贸易的格局。中国在国际能源贸易中表现出以下特征：

第一，中国能源国际贸易问题泛政治化倾向明显，能源贸易政治化问题突出。由于中国经济处于快速发展期，对能源需求量大，因此需要从国际市场上获取大量的能源，由此导致国际上所谓关于“中国能源威胁论”的论调出现，一些对我国能源海外投资和贸易设置很多贸易壁垒。比如，对我国能源企业兼并采取的国家安全审查制度，[118] 以及一些对中国能源公司在国际能源市场上的正常商业活动以各种理由为借口进行限制和制裁。这些将我国能源贸易泛政治化的倾向给我国能源贸易增添了巨大的困境，增加了我国从国际能源市场上获取能源资源的难度，构成了当前我国能源贸易的显著特征之一。

第二，中国能源国际贸易制约着中国能源供给安全。我国能源国际贸易对我国能源供给安全最严重的制约主要表现在两个方面：一是，我国能源进口量巨大，对外能源依赖程度高，如果不能够保证外部能源稳定的供给，将直接危及我国经济的发展和社会的稳定；二是，我国能源进口地区集中且运输途径单一，绝大多数能源进口依赖于中东国家，运输道路也以海上的马六甲海峡为主。

第三，中国处于国际能源贸易链下游，在国际能源市场话语权较弱。[119] 总体来看，我国虽然是一个能源贸易大国，但远非能源贸易强国。在国际能源市场上，我国主要在能源产业链的下游，对国际能源市场的影响力小，话语权较弱，缺乏参与定价的能力，往往只能以高价获取能源。

二、“一带一路”背景下中国能源贸易法制概况

为了保障能源贸易的有序进行，中国一直从国际和国内两个层面进行着努力，试图为能源贸易创造良好的法治环境。历经多年的努力，我国能源贸易法制建设在取得辉煌成就的同时也面临着一些困境。

（一）中国积极参与国际能源治理机制

随着中国从国际能源市场上获取能源的份额不断增大，中国为了维护自身利益，表明自己的关切，不仅积极地参与了 WTO 体制下能源贸易相关规则的谈判，也积极地参加了与现行国际能源治理机制的合作。中国参与国际能源治理的合作主要表现在以下方面：

1. 积极参与了 WTO 体制下的能源贸易规则谈判

WTO 于 2001 年启动的“多哈回合”谈判是中国以正式成员身份参加的首次多边谈判。作为一个贸易大国，中国以积极、务实和灵活的姿态参与了“多哈回合”议题项下的各领域谈判，对推动“多哈回合”谈判的有序进行发挥了重要作用。在能源贸易规则谈判领域，中国分别对能源市场开放、能源服务贸易以及生物燃料等的相关议题提出了议案并参加了相关议案的谈判。

2. 加强了与全球性和区域性国际能源组织的合作

中国积极参与各层次、各区域的能源合作。在全球层面重要的国际能源组织中，中国作为成员方的有：联合国下属的与能源相关的机构、世界能源理事会、世界石油大会等。在区域层面的国际能源合作中，中国作为观察员或重要成员的有：能源宪章、亚太经合组织、海合会、东盟等。[1] 可以看出，中国与全球性和区域性能源组织均有联系。

3. 增强了与其他能源贸易相关国际组织的关系

鉴于能源问题与环境等议题有千丝万缕的联系，中国还参加了一些能源

1　参见：中华人民共和国国家发展和改革委员会能源局：“中国参与国际能源组织的合作现状”，http://www.nea.gov.cn/2006-07/17/c_131101975.htm（最后访问日期 2023 年 10 月 5 日）。

贸易相关国际组织，签署和批准了一批与能源有关的国际条约。比如《联合国海洋法公约》《联合国气候变化框架公约》《京都议定书》等。[120]

（二）中国不断完善国内能源法制建设

历经几十年的发展，我国已经形成了相对完备的能源法制体系，能源领域各项活动基本上做到了有法可依。现行我国能源法制体系主要包括以下具体内容：

1. 能源领域的专门法律

我国能源领域的专门立法主要包括：1995 年颁布的《中华人民共和国电力法》，该法是我国第一部能源领域的法律规范，填补了我国能源立法的空白。随后，我国相继颁布了《中华人民共和国煤炭法》、《中华人民共和国节约能源法》、《中华人民共和国可再生能源法》。

2. 国务院颁布的能源行政法规

国务院的行政法规构成了我国能源领域立法的主体，具体规定了我国能源的开发、利用、贸易等问题。这些行政法规主要有：《电力供应与使用条例》、《乡镇煤矿管理条例》、《煤矿安全生产条例》、《中华人民共和国对外合作开采海洋石油资源条例》、《中华人民共和国核出口管制条例》等。

3. 与能源相关的法律法规及规范性法律文件

基于能源问题所涉内容的广泛性以及重要性，我国在其他相关法律及规范性法律文件中也对能源问题进行了规定，这方面的法律法规主要有：《中华人民共和国环境保护法》、《中华人民共和国矿产资源法》、《中华人民共和国清洁生产促进法》、《中华人民共和国水法》以及《中华人民共和国刑法》等法律中存在的与能源相关的法律条款；另外，我国还有大量的与能源相关的法规和规范性法律文件，如：《民用建筑节能管理规定》、《高耗能特种设备节能监督管理办法》、《工业节能管理办法》等。

4. 与能源贸易相关法律法规

这方面的法律法规主要有：《中华人民共和国对外贸易法》、《境外投资管理办法》、《中央企业境外投资监督管理办法》等。

（三）中国能源贸易法制建设的不足

通过上述的分析可以看出，我国在参加能源贸易国际治理机制和国内法制建设方面均取得了显著的成效。但是，我国能源贸易法制建设仍然存在以下不足：

1. 我国参与国际能源治理机制存在的问题

虽然中国努力地参与国际能源治理，但是中国在国际层面的能源合作还是呈现出以下不足：首先，由于自身谈判能力、国内法制的限制，中国参与WTO体制下能源贸易谈判能力有待提高。其次，中国参与国际能源合作还处于初级阶段。中国与全球能源合作程度比较低，实质性合作不多，主要是一般性和对话性合作。最后，中国参与区域层面的国际合作还不够广泛，仍有许多区域层面的国际能源合作组织还没有涉足。

2. 我国国内能源法制建设存在的问题

虽然我国已经初步建立了能源领域相关法律法规，但是我国现行的能源法律体系存在严重问题。首先，我国至今还缺少一部能体现我国能源基本原则与政策的综合性能源基本法，单纯依靠能源各领域的单行法难以解决我国能源勘探、开发、生产、运输、利用等环节以及与能源相关的环境领域所可能出现的各种问题；其次，现存的能源法律法规已经很难适应我国经济、社会高速发展的需求，应加快现行法律法规的修订与完善；[121] 再次，我国在原子能等其他能源领域的法律缺位，以及相关现行立法效力层次较低，尤其是我国近年来油气发展迅速，这种现状对相关产业的发展较为不利；最后，在现行的体制下，我国对国内能源进行管理的模式与国际能源市场运行的经济规律不同，不利于我国的国际能源合作。[122]

三、“一带一路”背景下 WTO 能源贸易规则谈判对中国的意义

肇始于 21 世纪初的 WTO“多哈回合”谈判将“能源议题”相关谈判纳入其谈判议程，对我国有重要的启示与影响。WTO“多哈回合”谈判作为我

国加入WTO之后亲历的第一次多边贸易谈判，参加其项下能源贸易规则相关谈判既能够为我国了解多边贸易体制下能源谈判提供机会，也能够为我国表达自己的主张和立场提供场所。

国际能源贸易法制的任何变化将不仅仅对中国产生重要的影响，而且通过中国间接影响国际能源贸易市场。[123]在WTO体制下构建新的能源贸易规则，对中国而言，既有积极意义，同时也会产生消极影响。

（一）WTO能源贸易规则谈判对中国的积极意义

中国作为WTO成员之一，参与在WTO体制下构建国际能源贸易新规则，将是中国参加的第一个全球性能源贸易规则的谈判，这对中国而言具有重要的意义，在WTO体制下构建新的国际能源贸易规则将对中国产生如下积极作用：

第一，为中国参与国际能源治理提供了机遇。在WTO体制下进行能源贸易规则的谈判，中国将以成员的身份参加，这将突破中国未参加世界主要能源组织，而不能参与国际能源多边治理的困局；同时，为中国展示自身能源政策和立场提供一个传递平台，为中国争取在国际能源市场的话语权提供一个契机。[124]中国可以利用此多边平台，提出相关议案，表明自身的关切和利益，为国际能源治理新秩序的构建贡献力量。

第二，为我国保障能源安全提供了新的路径。在WTO体制下制定统一能源贸易规则，我国可以将与能源贸易相关的纠纷提交到WTO争端解决机制。[125]通过这一法制化的争端解决机制妥善解决相关纠纷，避免能源问题政治化；同时，在这一新的法律机制下为中国以合理的价格、公平的贸易环境保障能源稳定供给提供一个新的路径。

第三，为能源贸易提供一个法律化的机制与平台。在WTO体制下制定完善的能源贸易规则，对能源出口国的限制出口行为、补贴行为、国内支持行为等进行规制，能够保障国际能源贸易的有序、公平进行。这一法律化的机制与平台必将为中国能源进口提供更加健全的保障，进而推动中国经济稳定地发展。[126]

第四，促进中国国内能源法制的完善。如果在 WTO 体制下能缔结新的关于能源贸易的多边协定，那么作为 WTO 成员方的中国必须修改其国内与 WTO 能源贸易规则不相一致的内容，从而从外部倒逼中国国内能源法制的修订，促进中国国内能源法制的完善。

（二）WTO 能源贸易规则谈判对中国的消极意义

当然，“一个硬币总有两面性”。由于中国长期以来在国际上是以通过政府推动签订能源贸易协定、政府为主导的能源外交等途径而构建能源获取网络，同时考虑中国本身的政治、经济和外交现状，在 WTO 体制下构建国际能源贸易新规则，也会对中国能源国际贸易产生消极影响。

第一，中国国内能源市场的开放导致国内能源产业压力增大。[127]众所周知，WTO 体制下主导能源贸易规则谈判的主要是发达国家，因此，《能源协定》的制定主体是西方发达国家，中国受到自身谈判能力的限制，很难提出相关方案，也很难和发达国家讨价还价。最后由发达国家主导制定的能源贸易规则的内容可能会体现发达国家的国家利益，如果按照这些规则的要求，中国开放国内能源市场，将对中国国内能源安全产生不利的影响。

第二，我国国内能源法制将受制于统一 WTO 体制下能源规则。依据 WTO 的规定，成员方应当修改其国内法中与 WTO 规则不一致的内容。如果 WTO 制定新的能源贸易规则，中国作为 WTO 的一员，必须按照这些规则的内容修改国内法，我国的能源法规和政策必须在 WTO 能源贸易协定的框架内进行，这将导致中国的能源法规与政策受制于 WTO 规则，中国国内能源法规和政策将缺少现有的灵活性与自主性。

第三，中国现已形成的双边能源贸易格局将受到冲击，给能源贸易带来风险。长期以来，中国不断通过政府层面的努力与产油大国建立了良好的合作关系，建立了相对稳定的双边能源供给机制。[128]当今中国的能源供给也是以政府推动为主，如果将能源贸易纳入统一的法制，将会削弱我国已经形成的双边能源贸易格局，对我国能源的国际贸易产生不利的影响。

从总体上来说，在 WTO 体制下构建全新的能源贸易规则，对我国而言是利大于弊的，它不仅能够为我国参加全球能源治理提供路径和舞台，也为我国能源供给提供了法制化的保障。从长远看，只要我们善于运用这一平台，趋利避害，就一定能为我国能源进口开创一个新的局面。

四、“一带一路”背景下中国应对 WTO 能源贸易规则谈判的策略

中国应在完善自身能源法律体系的前提下，积极推进国际能源法律制度的建立与完善，为我国未来参与国际能源合作提供制度保障。中国必须深思熟虑、从长计议，积极从国际、国内两个层面应对即将构建的 WTO 国际能源贸易法制新规则。

（一）国际层面：构建多元化国际能源保障机制

在 WTO 体制下重构能源贸易规则，虽然是希望可期，但是现在“多哈回合”谈判搁浅，各种力量交错复杂，在 WTO 体制下构建国际能源贸易规则的过程将是“路漫漫其修远兮”。因此，对我国而言，一方面，应当积极参与 WTO 体制下制定能源贸易规则的相关谈判；另一方面，应当强化与现行国际多边和双边能源治理机制的合作，从而更好地维护自身的能源安全。在国际层面，中国应当从以下方面进行努力：

1. 积极参与 WTO 体制下国际能源贸易多边谈判

WTO“多哈回合”作为 WTO 成立之后启动的首轮多边回合谈判，为我国这样一个新成员融入国际贸易规则的制定提供了契机。

中国在参与 WTO“多哈回合”谈判时要展现有担当的大国责任，以顾全大局的姿态积极承诺新的贸易自由化义务、开放国内货物和服务市场。[129]在参与构建 WTO 能源贸易规则谈判时，应该沿袭一贯坚持的低调、务实却不失积极、灵活的姿态，并适时发挥对于未来能源贸易规则框架的建设性影响力。同时，中国必须采取有力措施切实加强自身谈判能力。具体来说，中国在参加 WTO“多哈回合”能源贸易规则谈判时要做到以下几点：首先，加强前期研究，熟知各国对国际能源贸易谈判的议案和主张，做到有的放矢；其次，深

入研究国际能源贸易法制相关的问题，为现行谈判做好知识储备；再次，加强与各成员方的沟通与协调，建立互信机制；最后，中国应当提出自身的议案，表明自身的利益与关切，尽力维护自身的权益。[130]

2. 加强与现行国际能源贸易机制的沟通与合作

在全球能源治理合作层面，中国的参与度比较低。鉴于目前国际能源贸易合作的现状，如果想成立一个涵盖全球范围内既包括能源生产国又包括能源消费国的国际能源组织的可能性非常小，特别是WTO主导的国际能源贸易新规则的制定前途渺茫。因此，中国应当从务实的角度出发，积极加强与现有国际能源组织的合作，为保障我国能源安全提供良好的国际环境。[131]

3. 强化区域、双边能源贸易合作

作为新兴的石油消费大区，亚太地区还没有形成多边能源合作机制，我国应从多方面推动机制的建立。[132]

积极构建"一带一路"能源共同市场。结合"一带一路"倡议，我国应当以构建"一带一路"能源共同市场为突破口，强化与共建国家在能源领域的合作；加强能源对话，形成互利互赢格局；强化能源多元化战略，建立区域能源合作机制，为我国能源安全提供可靠的保障。

强化上海合作组织框架内的能源合作。在上海合作组织内，尽管成员方之间已经开展了初步的能源合作并签署了多项政府间协定，但真正有效的合作法律机制仍未建立。目前，迫切需要建立能加强成员方交流与合作、维护共同利益的能源合作法律机制，实现共同的能源安全。

（二）国内层面：完善的国内能源法律体系

面对国际社会构建WTO能源贸易新规则的新趋势，我国应当结合WTO"多哈回合"能源谈判的议题与动向不断完善国内能源法制建设，既要吸取现有的先进立法成果，又要为未来WTO能源贸易法制的建立预留空间。[133]具体而言，中国应当从以下方面努力，完善国内能源法制：

1. 制定《中华人民共和国能源法》，摆脱能源基本法缺位的窘境

能源基本法的缺位是我国能源法制建设过程中的一大憾事。能源基本法

是其他能源单行法的上位法。制定能源基本法，可以将国家整体的能源政策目标、能源可持续发展战略、能源安全保障和管理体制等用法律的形式确定下来，为我国今后在能源领域实施管理、调控提供法律依据。

历经多年努力，《中华人民共和国能源法》（征求意见稿）于 2007 年正式向社会各界公布，并征求意见。[134] 2017 年以来，在原国务院法制办、司法部的指导下，国家发展改革委、国家能源局组织成立了专家组和工作专班对《中华人民共和国能源法（送审稿）》修改稿进一步修改完善，形成新的《中华人民共和国能源法（征求意见稿）》。本书认为，《中华人民共和国能源法》的立法目的应当不同于其他单行能源立法，《中华人民共和国能源法》应当从战略上和全局上对其他单行能源法律进行统摄，更加体现其作为能源基本法的地位与作用。就《中华人民共和国能源法》具体内容而言，应当建立以下制度：第一，建立国家能源预警机制、战略储备和企业能源商业储备制度，以应对能源供应短期可能的中断或出现异常波动的问题；第二，建立国家能源设施紧急情况应急机制，以应对针对能源重要设施，包括储备库、能源运输管网等可能受到自然的或人为的破坏，引起能源供应突发性中断的情况；[135] 第三，建立能源影响评价制度，对国家出台重大政策、法律、进行重大项目建设等进行能源影响评价，防止国家能源需求的过大过快的变化，影响经济社会可持续发展；第四，设置能源税或者环境税，减小温室气体减排和环境保护的压力，引导生产和消费经济、清洁的能源，减少污染物和温室气体的排放。[1]

2. 修订现行能源单行法律，完善能源法律制度

我国已经初步制定了一些能源单行法，但是，随着时间的推移，现行部分能源单行法的一些规定已经不能适应当前社会、经济发展的形势。本文就当前我国能源法的修订和完善，提出以下建议：

（1）《中华人民共和国煤炭法》的修订与完善。《中华人民共和国煤炭法》应当从以下方面进行完善：第一，为了体现煤炭资源有偿使用原则，应当

---

1 有关《中华人民共和国能源法》制定的讨论，可参见李静、柯坚：《价值与功能之间：碳达峰碳中和目标下我国能源法的转型重构》，载《江苏大学学报（社会科学版）》2022 年第 3 期。肖国兴：《〈能源法〉与中国能源法律制度结构》，载《中州学刊》，2010 年第 6 期。

废除现行法律中以销售煤炭量或者销售额为计税和收费的依据，而应当建立煤炭资源补偿收费制度；第二，为了保护煤炭资源，应当整合煤炭行业，提高准入门槛，鼓励大中型煤炭企业的发展，提高生产标准，建立行业准入制度；第三，为了防止在勘探过程中，对煤炭资源和土地的浪费及引起的环境污染等问题，应当规范煤炭资源的勘探和开采制度，建立行业生产规范和流程；第四，为了减少煤炭对环境的污染，应当促进煤炭产业向高附加值的产业转化。

（2）《中华人民共和国电力法》的修订与完善。《中华人民共和国电力法》应当从以下方面进行完善：第一，完善电价形成机制，完善节能激励措施；第二，鼓励、支持可再生能源、清洁能源、新能源发电，鼓励资源综合利用，开发和节约并举，实现电力建设与经济、社会、环境保护相互协调的发展；第三，建立电力安全和电网突发事件应急处理机制，防止由于自然灾害和人为原因带来的电力中断等情况。

（3）《中华人民共和国节约能源法》的修订与完善。《中华人民共和国节约能源法》应当从以下方面进行完善：第一，在立法中集中解决中国国内急需解决的重点行业的节能问题，明确政府管理权力、用能单位的权利义务及法律后果；第二，进一步明确各级政府和能源主管部门节能工作职能，建立节能技术和中介服务等发挥政府监管、市场调节等各方面力量作用，达到促进节能的效果；第三，对节能工作进行整体考虑的同时，应当细化对建筑、交通等重点行业的节能的具体规定，实现节能工作的重点突破；第四，完善节能相关标准和措施，改变现行节能标准和措施滞后及空白的现状，使《中华人民共和国节约能源法》的规定的节能目标落到实处。

（4）《中华人民共和国可再生能源法》的修订与完善。第一，发挥社会力量、规定公众参与制度。在立法上应当明确规定发展可再生能源的公众参与原则，明确公众参与的主体，完善公众参与的监督机制；第二，构建可再生能源绿色证书制度，[1] 保障全额收购制度的实现。[136] 从而在制度上保障可再生能源的发展与节约能源目标的实现。

---

1 绿色证书制度又称为实行可交易的可更新能源证书（TREC），可以促进可更新能源的使用。

3. 制订新的能源单行法律，填补能源领域的立法空白

毋庸置疑，我国国内能源法制建设取得了巨大的成就，但也无须讳言，我国能源领域法制还存在诸多的立法空白。因此，我国应当加快能源领域立法的步伐，尽快填补立法空白，构筑起完善、健全的能源法制体系。

本书认为，鉴于石油在我国能源结构中的重要性，应当制定《中华人民共和国石油法》。在该法律中应当规定：首先，形成多元的石油投资主体，通过财政、税收等经济激励措施，引导资金、技术投向，保障投资安全，促进技术不断创新，形成石油可持续发展能力，以应对我国石油可持续地不断增长的需求的问题；其次，明确规定石油开采设施、运输管网的安全，应对可能突发的自然灾害、人为破坏，保障石油的供应安全；最后，建立石油储备制度，保障能源安全。

另外，应加快能源领域其他的专门立法，比如：加快《中华人民共和国天然气法》、《中华人民共和国原子能法》等法律的制定，[1] 构建能源领域总分结合、体系健全的法制架构。[137] 在立法中应处理好基本法律与单行法律的关系，应从有利于促进科技开发与技术创新，促进节约能源、保护环境的视角建立能源法律规范，创造保障能源的行业可持续的法律环境。

在国际能源市场上，能源贸易对我国经济、社会的发展具有独特的重要性，同时我国的能源贸易也对全球的能源市场有着重要的影响。[138] 面临着 WTO 体制下国际能源贸易规则的构建历程，一方面，我国要积极参与国际能源贸易治理机制，以期提升我国在国际能源市场的话语权，体现和维护我国的国家利益；另一方面，我国要努力完善国内能源法律体系，不仅为我国国内能源的开发与利用提供有力的制度支撑，还可以为我国参与国际能源合作提供良好的制度环境。

1 关于我国原子能领域的立法探讨，可参见彭峰著：《我国原子能立法之思考》，载《上海大学学报（社会科学版）》2011（6）。张弛等著：《世界主要国家〈原子能法〉研究及对我国立法的建议》，载《核安全》2013（4）。

结语

希望可期的新秩序

法必须以整个社会的福利为其真正的目标。

——托马斯·阿奎那

WTO 是当代最为重要的国际经济组织，它具有数量众多的成员，完备的调整国家之间经济与贸易关系的全球性规则体系以及高效且透明的争端解决机制。但是，美中不足的是受制于当时客观的时代背景和规则制定者狭隘的眼光，WTO 规则在制定之时，各成员竟然以“君子协定”的形式回避了能源这一最为大宗、最具有“国际性”的商品的国际贸易法制问题。

当然，国际社会试图构建国际能源贸易法制秩序，保障能源安全的努力自始至终未曾放弃。在国际社会试图构建国际能源贸易法制的进程当中，既建立了雄心勃勃的全球性能源多边治理机制，也建立了务实的区域性能源贸易机制，还缔结了充满活力但是复杂与多变并存的双边能源贸易合作机制。这种“碎片化”的国际能源贸易治理格局一方面表明国际社会构建国际能源贸易法制的不懈努力，另一方面也昭示了国际能源贸易法治构建的困境与艰难。因此，令人遗憾的是，时至今日，完备的国际能源贸易规则尚未建立。

结合当今国际社会能源贸易的格局，通过对现行国际能源贸易治理机制的比较分析，本书认为，在 WTO 体制下构建统一的国际能源贸易规则不仅仅是可行的，而且应当是最为理想的选择。作出此判断，主要是基于以下理由：首先，WTO 已经拥有调整国际贸易的全面的规则体系，这些既成的贸易规则虽然与国际能源贸易存在兼容性与周全性的问题，但是，它并没有将国际能源贸易排除在外。因此，在 WTO 体制之下调整作为商品一种表现形式的能源的国际贸易也是题中之义。其次，WTO 拥有比其他任何多边国际经济组织更为广泛的成员，这些成员中既有能源进口国也有能源出口国，在 WTO 体制下构建统一的国际能源贸易规则，能够为更多的国家提供一个商讨国际能源贸易法制规则的平台，最终制定的国际能源贸易规则体系也将会得到更多国家的认可、遵守与执行。最后，WTO 主导的多边贸易法制体系是一个动态的、不断发展与完善的规则体系。根据世界经济的发展，这一规则体系一直在不断修订与完善。因此，在全球治理法制化、全球法制一体化的背景下，结合当今国际能源贸易的态势以及各成员的关切，通过自我创新的方式将国际能源贸易法制纳入其框架之下也应是 WTO 自我完善，不断发展的应有之义。

当然，国际能源贸易确实有异于其他商品贸易的特殊性，通过分析可以发现 WTO 既存规则体系在调整国际能源贸易的过程中确实存在不全面且不兼容的难题。所幸，WTO 作为一个“伞状规则体系”，调整国际能源贸易也具有不同形式的选择，比如，WTO 体制可以通过修订与国际能源贸易相关条款，或者制定国际能源贸易修正案，或者制定专门的针对能源问题的《能源协定》等方式实现对国际能源贸易的规制。本书认为，国际能源贸易具有区别于其他商品国际贸易的显著特征，制定国际能源贸易规则必须充分考虑国际能源贸易的特殊性。因此，在 WTO 体制之下制定多边的、系统的《能源协定》将是在 WTO 体制下构建国际能源贸易规则最为理想、一劳永逸的选择路径。在该统一的协定当中，应当就国际能源贸易的基本问题（如国际能源贸易中所涉及的能源、能源贸易、过境国等基本概念的界定；国际能源贸易中应当遵守的能源主权、能源合作、能源贸易新秩序等基本原则等）进行规定；同时，对国际能源贸易的具体规则（如国际能源贸易中的补贴问题、出口限制问题、基础设施问题、安全例外问题等）进行全面的规定；最终，达到充分调整国际能源贸易、建立国际能源贸易法制新规则的目的。

中国应当充分利用现在 WTO 成员的资格，利用 WTO 这一多边贸易体制的平台，以“多哈回合”谈判为契机，积极参与在 WTO 体制下构建多边能源贸易新秩序的谈判，推动国际能源贸易法制新秩序的建立。在这一进程中，中国要提出相关能源领域的议案，充分表明自身在国际能源贸易中的利益、关切和主张，为制定更加公平、合理、有利的国际能源贸易新秩序贡献自己的力量；同时，中国应当健全国内法中以《中华人民共和国能源法》为引导的能源领域相关法制，完善与能源贸易相关的其他法制及政策配套体系，积极应对国际能源贸易法制新秩序将会对本国带来的冲击；另外，中国应当大力倡导节约能源，提高能源利用效率，转变经济发展方式，积极推动资源节约型、环境友好型社会的建设。

可以预见，由于受到各种力量的掣肘，在 WTO 体制下构建国际能源贸易规则体系必将是一个长期、艰辛的过程。但是，这一法制图景必将是希望可期、前程似锦。因为在全球治理法制化的进程中，伴随着经济全球化、全球一体化进程的不断深入发展，国际能源贸易不可能永远成为国际统一贸易法制的例外。当今“碎片化”的国际能源治理格局不仅不能确保各国试图维系的能源安全，甚至还会减损各国的能源安全。因此，国际社会中各个国家和相关国际组织应当将构建能源贸易法制新秩序，实现国际间能源的自由、有序、公平、合理的贸易作为实现能源安全的路径选择。WTO 体制下构建国际能源贸易规则必将是国际能源贸易法制新秩序最为现实、便捷和理想的选择，这一新秩序必将能为价廉、稳定和清洁的能源提供制度保障。

参考文献

[1][美]克劳士著:《人类能源史》，王正林、王权译，中国青年出版社 2009 年版。

[2]杨解君主编:《节能环保技术研究丛书:欧洲能源法概论》，中国出版集团、世界图书出版公司 2013 年版。

[3]黄振中、赵秋雁、谭柏平、廖诗评著:《国际能源法律制度研究》，法律出版社 2012 年版。

[4]贺小勇等著:《WTO 法专题研究》，北京大学出版社 2010 年版。

[5]史丹主编:《中国能源安全的国际环境》，社会科学文献出版社 2013 年版。

[6][美]霍华德·格尔勒著:《能源革命》，刘显法译，中国环境科学出版社 2006 年版。

[7]第十四届世界石油大会著:《世界油气资源分布》，中国石油新闻中心 2007 年。

[8][美]丹尼尔·耶金著:《能源重塑世界(上、下)》，朱玉犇、阎志敏译，石油工业出版社 2012 年版。

[9]王庆一主编:《能源词典》，中国石化出版社 2005 年版。

[10][美]阿莫斯·萨尔瓦多著:《能源历史回顾与 21 世纪展望》，赵政璋等译，石油工业出版社 2007 年版。

[11] WTO. World Trade Report 2010: Trade in Natural Resources [M]. 2010: 18-20.

[12] [美] 卡罗 A. 达哈尔著:《国际能源市场: 价格、政策与利润》, 丁晖等译, 石油工业出版社 2008 年版。

[13] 谢文捷、于友伟著:《国际能源贸易的形成和发展研究》, 载《国际商务—对外经济贸易大学学报》, 2005 (3)。

[14] Peter Gillies, Gabriel Moens. International Trade and Business: Law, Policy and Ethics [M]. Australia: Cavendish Publishing Pty Limited, 2000: 90-93.

[15] Botchway, Francis N. "International Trade Regime and Energy Trade". Syracuse Journal of International Law and Commerce, 2001 (1): 28-30.

[16] [美] 斯科特 L. 蒙哥马利著:《全球能源大趋势》, 宋阳、姜文波译, 机械工业出版社 2012 年版。

[17] 陈小沁著:《能源战争—国际能源合作与博弈》, 新世界出版社 2015 年版。

[18] IEA. World Energy Outlook [J]. Paris: IEA, 2005: 55-56.

[19] [意] 毛杰里著:《能源新机遇》, 周子平译, 石油工业出版社 2014 年版。

[20] 中国现代国际关系研究院著:《全球能源大棋局》, 时事出版社 2005 年版。

[21] Timothy Meyer. The Architecture of International Energy Governance [R]. The Law School of Georgia University, 2013-13: 1-5.

[22] Dries Lesage Thijs Van de Graaf, Kirsten Westphal. Global Energy Governance in a Multipolar World [M]. England: Ashgate Publishing Limited, 2010: 38-39.

[23] 李朝:《论对能源贸易的国际法律规制》, 安徽大学 2012 年硕士学位论文。

[24] John Kirton. "The G8 and Global Energy Governance: Past Performance, St. Petersburg Opportunities". Moscow: The Moscow State Institute of International Relations (MGIMO), The conference on "The World Dimension of Russia's Energy Security". April 21, 2006. Available at http: //www.g8. utoronto. ca/scholar/kirton2006/kirton_energy_060623. pdf, p. 11.

[25] Desta，Melaku Geboye. “The Organization of Petroleum Exporting Countries，the World Trade Organization，and Regional Trade Agreement” [J]. Journal of World Trade，2003 (3)：32-33.

[26] 杜群等著：《能源政策与法律—国别和制度比较》，武汉大学出版社 2014 年版。

[27] Julio Faundez，Celine Tan. International Economic Law，Globalization and Developing Countries [M]. Edward Elgar Publishing Limited，2010：132-134.

[28] Han Cheng，Iris Ferguson，Ting Guan etal. Energy Governance Outlook：Global Scenarios and Implication [R]. GLOBAL GOVERNANCE 2022，2013：14-21.

[29] 沈明宇：《全球化中的能源利益冲突与法律调控研究》，中南大学 2010 年博士学位论文。

[30] M. Lakshml Narasaiah. Energy and World Trade Organization [M]. India：Discovery Publishing House，2006：125-128.

[31] Peter Van den Bossche，Werner Zdouc. The Law and Policy of the World Trade Organization：Text，Cases and Materials [M]. Cambridge University Press，2013：302-305.

[32] 代辉：《WTO 对石油贸易的法律规制研究》，中南大学 2012 年硕士学位论文。

[33] 宋伟良著：《WTO 与能源营销》，湖北人民出版社 2001 年版。

[34] Andreas Goldthau，Jan Martin Witte. Global Energy Governance：The New Rule of the Game [M]. Washington，D. C.：Brookings Institutions Press，2010：68-69.

[35] Desta，Melaku Geboye. “GATT/WTO Jurisprudence in the Energy Sector and Movements in the Marketplace” [J]. Transnational Dispute Management，2004(2)：42-47.

[36] Samantha Besson，John Tasioulas. The Philosophy of International Law [M] .United Kingdom：Oxford University Press，2010：30-31.

[37] 顾婷著：《国际公法视域下的 WTO 法》，北京大学出版社 2010 年版。

[38] 余民才、曾宪义著:《国际法的当代实践》，中国人民大学出版社 2011 年版。

[39] Jagdish Bhagwati. Reshaping the WTO [J]. Far Eastern Economic Review, 2005: 66-78.

[40] 余敏友、唐旗著:《略论石油贸易与 WTO 体制》，载《武汉大学学报（哲学社会科学版）》2008（5）。

[41] 杨卫东、周章贵著:《能源与环境法律政策新观察（2013—2014）》，法律出版社 2014 年版。

[42] Selivanova, Y. .The WTO and Energy: WTO Rules and Agreements of Relevance to the Energy Sector, ICTSD Program on Trade and Environment, Issue Paper No. 1, Geneva, August 2007.

[43] 唐旗著:《WTO 体制与能源贸易问题》，载《法学评论》2008（4）。

[44] 贺小勇著:《论 WTO 体制下资源保障措施的法律问题—以中欧焦炭贸易争端为分析视角》，载《比较法研究》2004（5）。

[45] Nance, D. S.. Natural Resource Pricing Policies and the International Trading System [J]. Harvard: International Law Journal, Winter. 1989. 30（1）: 65.

[46] 周彬彬、郑远远著:《WTO 规则例外和例外规则》，广东人民出版社 2001 年版。

[47] Elena Blanco, Jona Razzaque. Globalisation and Natural Resources Law: Challenges, Key Issues and Perspectives [M]. Edward Elgar Publishing, Inc.2010: 122-123.

[48] ECS . Trade in Energy: WTO Rules Applying under the Energy Charter Treaty [J]. Prepared by Joost Pauwelyn for ECS. Brussels. Belgium. 2001.

[49] Pierros, Exploring Certain Trade — Related Aspects of Energy under GATT/WTO. International Trade Law & Regulation, 1999, 5（1）: 26-27.

[50] 肖鹏军著:《WTO 与石油石化》，新疆大学出版社 2002 年版。

[51] ICTSD. Sustainable Development Opportunities and Challenges of Trade in

Energy Services in the WTO and Beyond [R]. Informal Round table，20 April 2007.

[52] Dahl，C.. Economics of International Energy Markets [J]. Syllabus Fall 2002 (EBGN 430/530). Division of Economics and Business，Colorado School of Mines. 2002.

[53] Selivanova，Y.. Energy Dual Pricing in the WTO：Analysis and Prospects in the Context of Russia's Accession to the World Trade Organization，Cameron May, London，U. K.，2008.

[54] 余敏友、唐旗著：《论 WTO 构建能源贸易规则及其对我国能源安全的影响》，载《世界贸易组织动态与研究》2010（2）。

[55] Mireille Cossy. Energy Trade and WTO Rules：Reflexions on Sovereignty over Natural Resources [J]. European Yearbook of International Economic Law (EYIEL)，2012（3）.

[56] Pierros，Philip，1999. "Exploring Certain Trade-related Aspects of Energy under GATT/WTO：Demarcation Questions Regarding Electricity"，5 International Trade Law and Regulation 26.

[57] Abdallah，Hussein . Oil Exports under GATT and the WTO [J]. OPEC Review.2005，29（4）：267-294.

[58] 朱榄叶著：《WTO 争端解决案例新编》，中国法制出版社 2013 年版。

[59] 穆忠和著：《从美国汽油标准案看 WTO 国民待遇原则的适用》，载《WTO 经济导刊》2004（6）。

[60] 刘汉鹏、赵航著：《GATT 1994 第 20 条中的引言及（b）（g）款的解释》，载《国际关系学院学报》2004（5）。

[61] 陶城著：《WTO/TBT 案例分析汽油案》，载《上海标准化》2001（2）。

[62] 胡加祥：《由 GATT 第二十条（g）款谈能源产品的出口限制——WTO 视野下的世界能源危机》，上海交通大学 2008 年硕士学位论文。

[63] Yulia Selivanova. The WTO and Energy [M]. ICTSD Programme on Trade and Environment，2007.

[64] Richard Nelson and Bhaven Sampat . Making Sense of Institutions as a Factor

Shaping Economic Performance [J]. Journal of Economic Behavior and Organization，2001：31-54.

[65] 程大为著:《WTO 体系的矛盾分析》，中国人民大学出版社 2009 年版。

[66] The Current Negotiations in the WTO. Options，Opportunities and Risks for the Developing Countries [M]. The Third World Network and Zed Books Ltd，2005.

[67] 张磊、王茜著:《多哈回合谈判的最新进展（2010 年度报告）》，法律出版社 2012 年版。

[68] [南非] 法扎尔・伊斯梅尔著:《改革世界贸易组织：多哈回合中的发展中成员》，贺平、凌云志等译，上海人民出版社 2011 年版。

[69] Zarrilli，S. "The Doha Work Programme：Possible Impact on Energy Trade and on Domestic Policies in Energy-Producing Developing Countries"，21 Journal of Energy and Natural Resources Law，2003：399.

[70] Victor Menotti. The Other Oil War：Halliburton's Agenda at the WTO [J]. 2006.

[71] 李庆灵著:《WTO 能源服务贸易谈判之最新进展及中国的对策》，载《世界贸易组织动态与研究》2011（3）。

[72] Gibbs，M.. "Energy Services，Energy Policies and the Doha Agenda" in Energy and Environmental Services：Negotiating Objectives and Development Priorities [J]. UNCTAD. United Nations. New York. US. Geneva. Switzerland.（2003）.

[73] Simonetta Zarrilli，"International Trade in Environmental Services and the Developing Countries"，in Energy and Environmental Services：Negotiating Objectives and Development Priorities (UNCTAD 2003).

[74] 周凤翱、穆忠和著:《WTO/RTAs 框架下"能源服务"的界定》，载《华北电力大学学报》2007(1)。

[75] Evans，Peter C.. Liberalizing Trade in Energy Services（Washington，D. C. 2002）.

[76] Stephen Thomas，David Hall. GATS and the Electricity and Water Sectors

[J]. PSIRU University of Greenwich，2006：7-16.
[77] Shell，Exploring the Future：Energy Needs，Choices and Possibilities — Scenarios to 2050 [J]. Global Business Environment，Shell International. 2001.
[78] Tacoa - Vielma，J.. "Defining Energy Services for the GATS：An Issue under Discussion" in Energy and Environmental Services：Negotiating Objectives and Development Priorities [J]. UNCTAD. United Nations. New York. US. Geneva. Switzerland. 2003.
[79] 周凤翱、穆忠和、刘玉红著：《论 GATS 中的能源服务及其在 DDA 谈判中的分歧》，载《法学》2007（2）。
[80] 周凤翱、周淼著：《WTO 能源服务谈判对各国的潜在影响》，载《华北电力大学学报（社会科学版）》2011（4）。
[81] 唐旗著：《WTO 与能源贸易——以能源安全为视角》，知识产权出版社 2015 年版。
[82] Helm，D.. Energy Policy . Security of Supply，Sustainability and Competition [J]. Energy Policy 2002（30）：173–184.
[83] Paolo R. Vergano . Energy Services in the Current Round of WTO Negotiations. International Trade Law & Regulation，2005，11（3）：97.
[84] Nartova Olga . Trade in Energy Services under WTO Law：The Impact of Competition Policies [D]. PhD thesis of the University of Bern. 2009.
[85] 廖霞林著：《浅析 GATS 框架下我国能源服务贸易谈判应注意的几个问题》，载《2006 年全国环境资源法学研讨会（年会）》。
[86] Zarrilli，S. . "International Trade in Energy Services and Developing Countries" in Energy and Environmental Services：Negotiating Objectives and Development Priorities [J]. UNCTAD. United Nations. New York. US. Geneva. Switzerland. 2003.
[87] Energy and Environmental Services . Negotiating Objectives and Development Priorities，UNCTAD，New York and Geneva，2003.
[88] Jensen，J. T. . The Development of A Global LNG Market：Is it Likely? If

so When?[J]. Oxford Institute of Energy Studies, Oxford. 2004.

[89] 陈臻、孙振宇著:《WTO 多哈回合谈判中期回顾》, 人民出版社 2005 年版。

[90] United Nations .Making Certification Work for Sustainable Development: The Caw of Biofuels. New York and Geneva, 2008.

[91] Annie Dufey . Biofuels Production, Trade and Sustainable Development: Emerging Issues, London: IIED, 2006, p: 26.

[92] Rainer Zah, Thomas F. Ruddy. International trade in biofuels: an introduction to the special issue [J]. Journal of Cleaner Production, 2009 (17): 51-53.

[93] Anderson, K. & Valenzuela, E. 2007. The World Trade Organization's Doha Cotton Initiative: a tale of two issues. The World Economy, 30 (8): 1281–1304.

[94] Sell, Malena . "Trade, Climate Change and the Transition to a Sustainable Energy Future: Framing the Debate", ICTSD, Geneva, November 2006.

[95] Toni Harme. Biofuels Subsidies and the Law of the WTO, ICTSD (International Center Trade and Sustainable Development), Issue Paper No. 20, June 2009.

[96] Kennedy, Matthew . Legal Options for a Sustainable Energy Trade Agreement; International Centre for Trade and Sustainable Development, Geneva, Switzerland. 2012. The full paper is accessible at: http: //ictsd. org/i/publications/138050/.

[97] Anez, C.. The Trade of Technical Services for Oil and Gas Exploration and Production: Observations by an Old Venezuelan Contractor in Energy and Environmental Services: Negotiating Objectives and Development Priorities [J]. UNCTAD. United Nations. New York. US. Geneva. Switzerland. 2003.

[98] Joseph A. Stanis law . Energy Competition or Cooperation: Shifting the Paradigm[J]. Economic Perspectives. 2004 (5): 17-20.

[99] 曹志敏:《能源贸易与 WTO 体制》，苏州大学 2010 年硕士学位论文。

[100] Thomas C.，Garba M. et al.. Energy in WTO Law and Policy [R]. NCCMAS Cottier Working Papers. 2009.

[101] Thomas Cottier，Olga Nartova，Luca Rubini，Sadeq Z. Bigdeli，Sofya Matteotti，Yulia Selivanova. Towards a WTO Framework Agreement on Trade in Energy. http：//www. ssrn. com/link/SIEL-2010-Barcelona-Conference. html.

[102] Angel Saz，Keegan Pierce . Towards a global governance of energy [R]. ESADE geo Position Paper 9，2011：3-4.

[103] Davide Soto Naranjo . Multi-level Governance of Energy in the EU：a Model for the WTO Canada-Europe Transatlantic Dialogue：Seeking Transnational Solutions to 21st Century Problems. 2013：9.

[104] 刘德喜著:《WTO 与国家主权》，人民出版社 2003 年版。

[105] 徐泉著:《国家经济主权论》，人民出版社 2006 年版。

[106] 孙法柏、刘明明著:《能源贸易适用自由化原则之现状及发展趋向》，载《法治论丛》2007（1）。

[107] Yulia Selivanova. Transition to a Sustainable Energy Future：Global Trade Rules and Energy Policies. ICSTD. Linking Trade，Climate Change and Energy. 2006：3-4.

[108] Walde，Thomas W. & Gunst，Andreas J.，2002，International Energy Trade and Access to Energy Network，36：2 Journal of World Trade 191.

[109] 杨泽伟著:《跨国能源管道运输的若干国际法问题》，载《暨南学报（哲学社会科学版）》2007（5）。

[110] Susan L. Sakmar . Bring Energy Trade into the WTO：The Historical Contest，Current Status and Potential Implications for the Middle East Region [J]. INT'，L & COMP. L. REV. 2007（18）：1.

[111] Hufbauer，Gary and Kim，Jisun. 2012,Issues and Considerations for Negotiating a Sustainable Energy Trade Agreement. ICTSD Global Platform on Climate Change，Trade and Sustainable Energy，International Centre

for Trade and Sustainable Development，Geneva，http：//ictsd. org/i/publications/133314/.

［112］张秋明著：《中国能源安全战略挑战与政策分析》，地质出版社 2007 年版。

［113］江泽民著：《对中国能源问题的思考》，载《上海交通大学学报（自然科学版）》2008（3）。

［114］林伯强著：《中国能源发展报告 2014》，载《北京大学出版社》2014 年版。

［115］中国社会科学院世界与经济研究所著：《世界能源中国展望（2014-2015）创新工程》，中国社会科学出版社 2015 年版。

［116］吴爱军、吴杰著：《中国进口石油安全战略通道分析》，载《长江大学学报（社会科学版）》2006（3）。

［117］樊纲、马蔚华著：《中国能源安全：现状与战略选择》，中国经济出版社 2012 年版。

［118］单文华课题组著：《中国海外资源能源投资法律问题调查报告》，载《国际经济法学刊》2012（2）。

［119］Andrews-Speed，Ph. Liao，X.，Dannreuther，R.. The Strategic Implications of China’s Energy Needs［J］. The International Institute for Strategic Studies. Oxford：Oxford University Press，2002：346.

［120］Energy Research Institute（NDRC）.Grantham Institute，Imperial College London. Global Energy Governance Reform and China’s Participation［R］.2014：38.

［121］中国法学会能源法研究会著：《中国能源法研究报告》，立信会计出版社 2010 年版。

［122］王俊豪、张笑玲著：《论我国能源产品的可持续供应与进出口管制—以石油和煤炭为例》，载《国际商务—对外经济贸易大学学报》2007（2）。

［123］鲍云樵著：《加入 WTO 后我国能源工业将面临的机遇和挑战》，载《华北电力大学学报》2003（5）。

［124］王海运，许勤华著：《能源外交概论》，社会科学文献出版社 2012 年版。

[125] 李泊溪著:《中国加入 WTO 与能源战略》，载《中国电力》2000（9）。

[126] 屠新泉著:《中国在 WTO 中的定位作用和策略》，对外经济贸易大学出版社 2005 年版。

[127] 史丹:《全球能源格局变化及对中国能源安全的挑战》，载《中外能源》2003（2）。

[128] Tang Qi.The Implications of Reshaping Energy Trade Discipline on China's Energy Security [J]. Energy Procedia，2011（5）: 562–566.

[129] 中国能源发展战略研究组著:《中国能源发展战略选择（上、下册）》，清华大学出版社 2013 年版。

[130] 万鄂湘著:《国际法与国内法关系研究》，北京大学出版社 2011 年版。

[131] 王联合著:《中国与国际能源机构：一项规范研究》，载《国际观察》2009(4)。

[132] 戴永红、袁勇著:《中印海外能源战略研究：地缘政治经济的视角》，时事出版社 2014 年版。

[133] Edward A. Cunningham. China's Energy Governance: Perception and Reality [J]. MIT Political Science，2007: 1-3.

[134] 李艳芳著:《论我国〈能源法〉的制定——兼评〈中华人民共和国能源法〉(征求意见稿)》，载《法学家》2008（2）。

[135] 杨泽伟著:《我国能源安全保障的法律问题研究》，载《法商研究》2005（4）。

[136] RCCPB Working Paper #24 . China's Global and Domestic Governance of Climate Change，Trade and Sustainable Energy: Exploring China's interests in a global massive scale-up of renewable energies. March 2012.

[137] The Stanley Foundation . China's Energy Security and Its Grand Strategy [R]. 2006. 09.

[138] 江冰著:《新形势下保障我国能源安全的战略选择》，载《中国科学院院刊》，2010，25（2）。

缩略语表

简　写	全　称	中　文
AD	Anti-dumping Agreement	反倾销协定
APEC	Asia-Pacific Economic Cooperation	亚太经合组织
DDA	Doha Development Agenda	多哈发展议程
ECT	Energy Charter Treaty	能源宪章条约
EU	European Union	欧洲联盟
G20	Group of Twenty Finance Ministers and Central Bank Governors	二十国集团
GATS	General Agreement on Trade in Services	服务贸易总协定
GATT	General Agreement on Tariffs and Trade	关税与贸易总协定
GDP	Gross Domestic Product	国内生产总值
GSP	Generalized System of Preferences	普遍优惠制
IEA	International Energy Agency	国际能源署
IEF	International Energy Forum	国际能源论坛

续表

简 写	全 称	中 文
IRENA	International Renewable Energy Agency	国际可再生能源组织
ITC	International Trade Center	国际贸易中心
ITO	International Trade Organization	国际贸易组织
LDC	Least-Developed Country	最不发达国家
MFN	Most Favored Nation Treatment	最惠国待遇
MTN	Multilateral Trade Negotiation	多边贸易谈判
MTO	Multilateral Trade Organization	多边贸易组织
NAFTA	North American Free Trade Agreement	北美自由贸易协定
NGO	Non-Governmental Organization	非政府组织
NIEO	New International Economic Order	国际经济新秩序
NT	National Treatment	国民待遇
NTR	Normal Trade Relations	正常贸易关系
OECD	Organization for Economic Cooperation and Development	经济合作与发展组织
OPEC	Organization of the Petroleum Exporting Countries	石油输出国组织
PNTR	Permanent Normal Trade Relations	永久性正常贸易关系
PTA	Preferential Trade Agreement	优惠贸易协定
RTAA	Reciprocal Trade Agreements Act	互惠贸易协定
R&D	Research and Development	研究和开发

续表

简　写	全　称	中　文
SCM	Subsidies and Countervailing Measures Agreement on	补贴与反补贴协定
SCO	Shanghai Cooperation Organization	上海合作组织
S&D	Special and Differential Treatment	特殊和差别待遇
STE	State Trading Enterprises	国营公司
TBT	Technical Barriers to Trade (Agreement)	技术贸易壁垒协定
TM	Transparency Mechanism	透明机制
TNC	Trade Negotiations Committee	贸易谈判委员会
TPA	Trade Promotion Authority	贸易促进机构
TRIMS	Agreement on Trade-Related Investment Measures	与贸易有关的投资措施协议
TRIPS	Trade-Related Aspects of Intellectual Property Rights	与贸易有关的知识产权措施协定
UN	United Nations	联合国
UNCTAD	United Nations Conference on Trade and Development	联合国贸易和发展会议
UNFCCC	United Nations Framework Convention on Climate Change	联合国气候变化框架公约
VER	Voluntary Export Restraint	自愿出口限制
VRA	Voluntary Restraint Agreement	自愿限制协定
WCO	World Customs Organization	世界海关组织
WIPO	World Intellectual Property Organization	国际知识产权组织
WTO	World Trade Organization	世界贸易组织

附录一

《推动共建丝绸之路经济带和21世纪海上丝绸之路的愿景与行动》

国家发展改革委　外交部　商务部

（经国务院授权发布）

2015年3月

前　言

一、时代背景

二、共建原则

三、框架思路

四、合作重点

五、合作机制

六、中国各地方开放态势

七、中国积极行动

八、共创美好未来

前言

2000多年前，亚欧大陆上勤劳勇敢的人民，探索出多条连接亚欧非几大文明的贸易和人文交流通路，后人将其统称为“丝绸之路”。千百年来，“和平合作、开放包容、互学互鉴、互利共赢”的丝绸之路精神薪火相传，推进了人类文明进步，是促进沿线各国繁荣发展的重要纽带，是东西方交流合作的象征，是世界各国共有的历史文化遗产。

进入21世纪，在以和平、发展、合作、共赢为主题的新时代，面对复苏乏力的全球经济形势，纷繁复杂的国际和地区局面，传承和弘扬丝绸之路精神更显重要和珍贵。

2013年9月和10月，中国国家主席习近平在出访中亚和东南亚国家期间，先后提出共建“丝绸之路经济带”和“21世纪海上丝绸之路”（以下简称“一带一路”）的重大倡议，得到国际社会高度关注。中国国务院总理李克强参加2013年中国—东盟博览会时强调，铺就面向东盟的海上丝绸之路，打造带动腹地发展的战略支点。加快“一带一路”建设，有利于促进沿线各国经济繁荣与区域经济合作，加强不同文明交流互鉴，促进世界和平发展，是一项造福世界各国人民的伟大事业。

“一带一路”建设是一项系统工程，要坚持共商、共建、共享原则，积极推进沿线国家发展战略的相互对接。为推进实施“一带一路”重大倡议，让古丝绸之路焕发新的生机活力，以新的形式使亚欧非各国联系更加紧密，互利合作迈向新的历史高度，中国政府特制定并发布《推动共建丝绸之路经济带和21世纪海上丝绸之路的愿景与行动》。

一、时代背景

当今世界正发生复杂深刻的变化，国际金融危机深层次影响继续显现，世界经济缓慢复苏、发展分化，国际投资贸易格局和多边投资贸易规则酝酿深刻调整，各国面临的发展问题依然严峻。共建“一带一路”顺应世界多极化、经济全球化、文化多样化、社会信息化的潮流，秉持开放的区域合作精神，致力于维护全球自由贸易体系和开放型世界经济。共建“一带一路”旨在促进经济要素有序自由流动、资源高效配置和市场深度融合，推动沿线各国实现经济政策协调，开展更大范围、更高水平、更深层次的区域合作，共同打造开放、包容、均衡、普惠的区域经济合作架构。共建“一带一路”符合国际社会的根本利益，彰显人类社会共同理想和美好追求，是国际合作以及全球治理新模式的积极探索，将为世界和平发展增添新的正能量。

共建“一带一路”致力于亚欧非大陆及附近海洋的互联互通，建立和加强沿线各国互联互通伙伴关系，构建全方位、多层次、复合型的互联互通网络，实现沿线各国多元、自主、平衡、可持续的发展。“一带一路”的互联互通项目将推动沿线各国发展战略的对接与耦合，发掘区域内市场的潜力，促进投资和消费，创造需求和就业，增进沿线各国人民的人文交流与文明互鉴，让各国人民相逢相知、互信互敬，共享和谐、安宁、富裕的生活。

当前，中国经济和世界经济高度关联。中国将一以贯之地坚持对外开放的基本国策，构建全方位开放新格局，深度融入世界经济体系。推进“一带一路”建设既是中国扩大和深化对外开放的需要，也是加强和亚欧非及世界各国互利合作的需要，中国愿意在力所能及的范围内承担更多责任义务，为人类和平发展作出更大的贡献。

二、共建原则

恪守联合国宪章的宗旨和原则。遵守和平共处五项原则，即尊重各国主权和领土完整、互不侵犯、互不干涉内政、和平共处、平等互利。

坚持开放合作。“一带一路”相关的国家基于但不限于古代丝绸之路的范围，各国和国际、地区组织均可参与，让共建成果惠及更广泛的区域。

坚持和谐包容。倡导文明宽容，尊重各国发展道路和模式的选择，加强不同文明之间的对话，求同存异、兼容并蓄、和平共处、共生共荣。

坚持市场运作。遵循市场规律和国际通行规则，充分发挥市场在资源配置中的决定性作用和各类企业的主体作用，同时发挥好政府的作用。

坚持互利共赢。兼顾各方利益和关切，寻求利益契合点和合作最大公约数，体现各方智慧和创意，各施所长，各尽所能，把各方优势和潜力充分发挥出来。

三、框架思路

“一带一路”是促进共同发展、实现共同繁荣的合作共赢之路，是增进理解信任、加强全方位交流的和平友谊之路。中国政府倡议，秉持和平合作、开放包容、互学互鉴、互利共赢的理念，全方位推进务实合作，打造政治互信、经济融合、文化包容的利益共同体、命运共同体和责任共同体。

“一带一路”贯穿亚欧非大陆，一头是活跃的东亚经济圈，一头是发达的欧洲经济圈，中间广大腹地国家经济发展潜力巨大。丝绸之路经济带重点畅通中国经中亚、俄罗斯至欧洲（波罗的海）；中国经中亚、西亚至波斯湾、地中海；中国至东南亚、南亚、印度洋。21 世纪海上丝绸之路重点方向是从中国沿海港口过南海到印度洋，延伸至欧洲；从中国沿海港口过南海到南太平洋。

根据“一带一路”走向，陆上依托国际大通道，以沿线中心城市为支撑，以重点经贸产业园区为合作平台，共同打造新亚欧大陆桥、中蒙俄、中国—中亚—西亚、中国—中南半岛等国际经济合作走廊；海上以重点港口为节点，共同建设通畅安全高效的运输大通道。中巴、孟中印缅两个经济走廊与推进

“一带一路”建设关联紧密，要进一步推动合作，取得更大进展。

“一带一路”建设是沿线各国开放合作的宏大经济愿景，需各国携手努力，朝着互利互惠、共同安全的目标相向而行。努力实现区域基础设施更加完善，安全高效的陆海空通道网络基本形成，互联互通达到新水平；投资贸易便利化水平进一步提升，高标准自由贸易区网络基本形成，经济联系更加紧密，政治互信更加深入；人文交流更加广泛深入，不同文明互鉴共荣，各国人民相知相交、和平友好。

四、合作重点

沿线各国资源禀赋各异，经济互补性较强，彼此合作潜力和空间很大。以政策沟通、设施联通、贸易畅通、资金融通、民心相通为主要内容，重点在以下方面加强合作。

政策沟通。加强政策沟通是“一带一路”建设的重要保障。加强政府间合作，积极构建多层次政府间宏观政策沟通交流机制，深化利益融合，促进政治互信，达成合作新共识。沿线各国可以就经济发展战略和对策进行充分交流对接，共同制定推进区域合作的规划和措施，协商解决合作中的问题，共同为务实合作及大型项目实施提供政策支持。

设施联通。基础设施互联互通是“一带一路”建设的优先领域。在尊重相关国家主权和安全关切的基础上，沿线国家宜加强基础设施建设规划、技术标准体系的对接，共同推进国际骨干通道建设，逐步形成连接亚洲各次区域以及亚欧非之间的基础设施网络。强化基础设施绿色低碳化建设和运营管理，在建设中充分考虑气候变化影响。

抓住交通基础设施的关键通道、关键节点和重点工程，优先打通缺失路段，畅通瓶颈路段，配套完善道路安全防护设施和交通管理设施设备，提升道路通达水平。推进建立统一的全程运输协调机制，促进国际通关、换装、多式联运有机衔接，逐步形成兼容规范的运输规则，实现国际运输便利化。

推动口岸基础设施建设，畅通陆水联运通道，推进港口合作建设，增加海上航线和班次，加强海上物流信息化合作。拓展建立民航全面合作的平台和机制，加快提升航空基础设施水平。

加强能源基础设施互联互通合作，共同维护输油、输气管道等运输通道安全，推进跨境电力与输电通道建设，积极开展区域电网升级改造合作。

共同推进跨境光缆等通信干线网络建设，提高国际通信互联互通水平，畅通信息丝绸之路。加快推进双边跨境光缆等建设，规划建设洲际海底光缆项目，完善空中（卫星）信息通道，扩大信息交流与合作。

贸易畅通。投资贸易合作是“一带一路”建设的重点内容。宜着力研究解决投资贸易便利化问题，消除投资和贸易壁垒，构建区域内和各国良好的营商环境，积极同沿线国家和地区共同商建自由贸易区，激发释放合作潜力，做大做好合作“蛋糕”。

沿线国家宜加强信息互换、监管互认、执法互助的海关合作，以及检验检疫、认证认可、标准计量、统计信息等方面的双多边合作，推动世界贸易组织《贸易便利化协定》生效和实施。改善边境口岸通关设施条件，加快边境口岸“单一窗口”建设，降低通关成本，提升通关能力。加强供应链安全与便利化合作，推进跨境监管程序协调，推动检验检疫证书国际互联网核查，开展“经认证的经营者”（AEO）互认。降低非关税壁垒，共同提高技术性贸易措施透明度，提高贸易自由化便利化水平。

拓宽贸易领域，优化贸易结构，挖掘贸易新增长点，促进贸易平衡。创新贸易方式，发展跨境电子商务等新的商业业态。建立健全服务贸易促进体系，巩固和扩大传统贸易，大力发展现代服务贸易。把投资和贸易有机结合起来，以投资带动贸易发展。

加快投资便利化进程，消除投资壁垒。加强双边投资保护协定、避免双重征税协定磋商，保护投资者的合法权益。

拓展相互投资领域，开展农林牧渔业、农机及农产品生产加工等领域深度合作，积极推进海水养殖、远洋渔业、水产品加工、海水淡化、海洋生物制药、海洋工程技术、环保产业和海上旅游等领域合作。加大煤炭、油气、金属矿产等传统能源资源勘探开发合作，积极推动水电、核电、风电、太阳能等清洁、可再生能源合作，推进能源资源就地就近加工转化合作，形成能源资源合作上下游一体化产业链。加强能源资源深加工技术、装备与工程服务合作。

推动新兴产业合作，按照优势互补、互利共赢的原则，促进沿线国家加强在新一代信息技术、生物、新能源、新材料等新兴产业领域的深入合作，推动建立创业投资合作机制。

优化产业链分工布局，推动上下游产业链和关联产业协同发展，鼓励建立研发、生产和营销体系，提升区域产业配套能力和综合竞争力。扩大服务业相互开放，推动区域服务业加快发展。探索投资合作新模式，鼓励合作建设境外经贸合作区、跨境经济合作区等各类产业园区，促进产业集群发展。在投资贸易中突出生态文明理念，加强生态环境、生物多样性和应对气候变化合作，共建绿色丝绸之路。

中国欢迎各国企业来华投资。鼓励本国企业参与沿线国家基础设施建设和产业投资。促进企业按属地化原则经营管理，积极帮助当地发展经济、增加就业、改善民生，主动承担社会责任，严格保护生物多样性和生态环境。

资金融通。资金融通是“一带一路”建设的重要支撑。深化金融合作，推进亚洲货币稳定体系、投融资体系和信用体系建设。扩大沿线国家双边本币互换、结算的范围和规模。推动亚洲债券市场的开放和发展。共同推进亚洲基础设施投资银行、金砖国家开发银行筹建，有关各方就建立上海合作组织融资机构开展磋商。加快丝路基金组建运营。深化中国—东盟银行联合体、上合组织银行联合体务实合作，以银团贷款、银行授信等方式开展多边金融合作。支持沿线国家政府和信用等级较高的企业以及金融机构在中国境内发行人民币债券。符合条件的中国境内金融机构和企业可以在境外发行人民币债券和外币债券，鼓励在沿线国家使用所筹资金。

加强金融监管合作，推动签署双边监管合作谅解备忘录，逐步在区域内建立高效监管协调机制。完善风险应对和危机处置制度安排，构建区域性金融风险预警系统，形成应对跨境风险和危机处置的交流合作机制。加强征信管理部门、征信机构和评级机构之间的跨境交流与合作。充分发挥丝路基金以及各国主权基金作用，引导商业性股权投资基金和社会资金共同参与“一带一路”重点项目建设。

民心相通。民心相通是“一带一路”建设的社会根基。传承和弘扬丝绸之路友好合作精神，广泛开展文化交流、学术往来、人才交流合作、媒体合作、青年和妇女交往、志愿者服务等，为深化双多边合作奠定坚实的民意基础。

扩大相互间留学生规模，开展合作办学，中国每年向沿线国家提供 1 万个政府奖学金名额。沿线国家间互办文化年、艺术节、电影节、电视周和图书展等活动，合作开展广播影视剧精品创作及翻译，联合申请世界文化遗产，共同开展世界遗产的联合保护工作。深化沿线国家间人才交流合作。

加强旅游合作，扩大旅游规模，互办旅游推广周、宣传月等活动，联合打造具有丝绸之路特色的国际精品旅游线路和旅游产品，提高沿线各国游客签证便利化水平。推动 21 世纪海上丝绸之路邮轮旅游合作。积极开展体育交流活动，支持沿线国家申办重大国际体育赛事。

强化与周边国家在传染病疫情信息沟通、防治技术交流、专业人才培养等方面的合作，提高合作处理突发公共卫生事件的能力。为有关国家提供医疗援助和应急医疗救助，在妇幼健康、残疾人康复以及艾滋病、结核、疟疾等主要传染病领域开展务实合作，扩大在传统医药领域的合作。

加强科技合作，共建联合实验室（研究中心）、国际技术转移中心、海上合作中心，促进科技人员交流，合作开展重大科技攻关，共同提升科技创新能力。

整合现有资源，积极开拓和推进与沿线国家在青年就业、创业培训、职业技能开发、社会保障管理服务、公共行政管理等共同关心领域的务实合作。

充分发挥政党、议会交往的桥梁作用，加强沿线国家之间立法机构、主要党派和政治组织的友好往来。开展城市交流合作，欢迎沿线国家重要城市之间互结友好城市，以人文交流为重点，突出务实合作，形成更多鲜活的合作范例。欢迎沿线国家智库之间开展联合研究、合作举办论坛等。

加强沿线国家民间组织的交流合作，重点面向基层民众，广泛开展教育医疗、减贫开发、生物多样性和生态环保等各类公益慈善活动，促进沿线贫困地区生产生活条件改善。加强文化传媒的国际交流合作，积极利用网络平台，运用新媒体工具，塑造和谐友好的文化生态和舆论环境。

五、合作机制

当前，世界经济融合加速发展，区域合作方兴未艾。积极利用现有双多边合作机制，推动“一带一路”建设，促进区域合作蓬勃发展。

加强双边合作，开展多层次、多渠道沟通磋商，推动双边关系全面发展。推动签署合作备忘录或合作规划，建设一批双边合作示范。建立完善双边联合工作机制，研究推进“一带一路”建设的实施方案、行动路线图。充分发挥现有联委会、混委会、协委会、指导委员会、管理委员会等双边机制作用，协调推动合作项目实施。

强化多边合作机制作用，发挥上海合作组织（SCO）、中国—东盟“10+1”、亚太经合组织（APEC）、亚欧会议（ASEM）、亚洲合作对话（ACD）、亚信会议（CICA）、中阿合作论坛、中国—海合会战略对话、大湄公河次区域（GMS）经济合作、中亚区域经济合作（CAREC）等现有多边合作机制作用，相关国家加强沟通，让更多国家和地区参与“一带一路”建设。

继续发挥沿线各国区域、次区域相关国际论坛、展会以及博鳌亚洲论坛、中国—东盟博览会、中国—亚欧博览会、欧亚经济论坛、中国国际投资贸易洽谈会，以及中国—南亚博览会、中国—阿拉伯博览会、中国西部国际博览会、中国—俄罗斯博览会、前海合作论坛等平台的建设性作用。支持沿线国家地方、民间挖掘“一带一路”历史文化遗产，联合举办专项投资、贸易、文化交流活动，办好丝绸之路（敦煌）国际文化博览会、丝绸之路国际电影节和图书展。倡议建立“一带一路”国际高峰论坛。

六、中国各地方开放态势

推进“一带一路”建设，中国将充分发挥国内各地区比较优势，实行更加积极主动的开放战略，加强东中西互动合作，全面提升开放型经济水平。

西北、东北地区。发挥新疆独特的区位优势和向西开放重要窗口作用，深化与中亚、南亚、西亚等国家交流合作，形成丝绸之路经济带上重要的交通枢纽、商贸物流和文化科教中心，打造丝绸之路经济带核心区。发挥陕西、甘肃综合经济文化和宁夏、青海民族人文优势，打造西安内陆型改革开放新高地，加快兰州、西宁开发开放，推进宁夏内陆开放型经济试验区建设，形成面向中亚、南亚、西亚国家的通道、商贸物流枢纽、重要产业和人文交流基地。发挥内蒙古联通俄蒙的区位优势，完善黑龙江对俄铁路通道和区域铁路网，以及黑龙江、吉林、辽宁与俄远东地区陆海联运合作，推进构建北京—莫斯科欧亚高速运输走廊，建设向北开放的重要窗口。

西南地区。发挥广西与东盟国家陆海相邻的独特优势，加快北部湾经济区和珠江—西江经济带开放发展，构建面向东盟区域的国际通道，打造西南、中南地区开放发展新的战略支点，形成 21 世纪海上丝绸之路与丝绸之路经济带有机衔接的重要门户。发挥云南区位优势，推进与周边国家的国际运输通道建设，打造大湄公河次区域经济合作新高地，建设成为面向南亚、东南亚的辐射中心。推进西藏与尼泊尔等国家边境贸易和旅游文化合作。

沿海和港澳台地区。利用长三角、珠三角、海峡西岸、环渤海等经济区开放程度高、经济实力强、辐射带动作用大的优势，加快推进中国（上海）自由贸易试验区建设，支持福建建设 21 世纪海上丝绸之路核心区。充分发挥深圳前海、广州南沙、珠海横琴、福建平潭等开放合作区作用，深化与港澳台合作，打造粤港澳大湾区。推进浙江海洋经济发展示范区、福建海峡蓝色经济试验区和舟山群岛新区建设，加大海南国际旅游岛开发开放力度。加强上海、天津、宁波－舟山、广州、深圳、湛江、汕头、青岛、烟台、大连、福州、厦门、泉州、海口、三亚等沿海城市港口建设，强化上海、广州等国际枢纽机场功能。以扩大开放倒逼深层次改革，创新开放型经济体制机制，加大科技创新力度，形成参与和引领国际合作竞争新优势，成为“一带一路”特别是 21 世纪海上丝绸之路建设的排头兵和主力军。发挥海外侨胞以及香港、澳门特别行政区独特优势作用，积极参与和助力“一带一路”建设。为台湾地区参与“一带一路”建设作出妥善安排。

内陆地区。利用内陆纵深广阔、人力资源丰富、产业基础较好优势，依托长江中游城市群、成渝城市群、中原城市群、呼包鄂榆城市群、哈长城市群等重点区域，推动区域互动合作和产业集聚发展，打造重庆西部开发开放重要支撑和成都、郑州、武汉、长沙、南昌、合肥等内陆开放型经济高地。加快推动长江中上游地区和俄罗斯伏尔加河沿岸联邦区的合作。建立中欧通道铁路运输、口岸通关协调机制，打造“中欧班列”品牌，建设沟通境内外、连接东中西的运输通道。支持郑州、西安等内陆城市建设航空港、国际陆港，加强内陆口岸与沿海、沿边口岸通关合作，开展跨境贸易电子商务服务试点。优化海关特殊监管区域布局，创新加工贸易模式，深化与沿线国家的产业合作。

七、中国积极行动

一年多来，中国政府积极推动“一带一路”建设，加强与沿线国家的沟通磋商，推动与沿线国家的务实合作，实施了一系列政策措施，努力收获早期成果。

高层引领推动。习近平主席、李克强总理等国家领导人先后出访 20 多个国家，出席加强互联互通伙伴关系对话会、中阿合作论坛第六届部长级会议，就双边关系和地区发展问题，多次与有关国家元首和政府首脑进行会晤，深入阐释“一带一路”的深刻内涵和积极意义，就共建“一带一路”达成广泛共识。

签署合作框架。与部分国家签署了共建“一带一路”合作备忘录，与一些毗邻国家签署了地区合作和边境合作的备忘录以及经贸合作中长期发展规划。研究编制与一些毗邻国家的地区合作规划纲要。

推动项目建设。加强与沿线有关国家的沟通磋商，在基础设施互联互通、产业投资、资源开发、经贸合作、金融合作、人文交流、生态保护、海上合作等领域，推进了一批条件成熟的重点合作项目。

完善政策措施。中国政府统筹国内各种资源，强化政策支持。推动亚洲基础设施投资银行筹建，发起设立丝路基金，强化中国—欧亚经济合作基金投资功能。推动银行卡清算机构开展跨境清算业务和支付机构开展跨境支付业务。积极推进投资贸易便利化，推进区域通关一体化改革。

发挥平台作用。各地成功举办了一系列以“一带一路”为主题的国际峰会、论坛、研讨会、博览会，对增进理解、凝聚共识、深化合作发挥了重要作用。

八、共创美好未来

共建“一带一路”是中国的倡议，也是中国与沿线国家的共同愿望。站在新的起点上，中国愿与沿线国家一道，以共建“一带一路”为契机，平等协商，兼顾各方利益，反映各方诉求，携手推动更大范围、更高水平、更深层次的大开放、大交流、大融合。“一带一路”建设是开放的、包容的，欢迎世界各国和国际、地区组织积极参与。

共建“一带一路”的途径是以目标协调、政策沟通为主，不刻意追求一致性，可高度灵活，富有弹性，是多元开放的合作进程。中国愿与沿线国家一道，不断充实完善“一带一路”的合作内容和方式，共同制定时间表、路线图，积极对接沿线国家发展和区域合作规划。

中国愿与沿线国家一道，在既有双多边和区域次区域合作机制框架下，通过合作研究、论坛展会、人员培训、交流访问等多种形式，促进沿线国家对共建“一带一路”内涵、目标、任务等方面的进一步理解和认同。

中国愿与沿线国家一道，稳步推进示范项目建设，共同确定一批能够照顾双多边利益的项目，对各方认可、条件成熟的项目抓紧启动实施，争取早日开花结果。

“一带一路”是一条互尊互信之路，一条合作共赢之路，一条文明互鉴之路。只要沿线各国和衷共济、相向而行，就一定能够谱写建设丝绸之路经济带和 21 世纪海上丝绸之路的新篇章，让沿线各国人民共享“一带一路”共建成果。

附录二

《推动丝绸之路经济带和 21 世纪海上丝绸之路能源合作愿景与行动》

国家发展和改革委员会 国家能源局

2017 年 5 月

2013 年下半年，中国国家主席习近平在出访中亚和东南亚国家期间，先后提出共建“丝绸之路经济带”和“21 世纪海上丝绸之路”（以下简称“一带一路”）的重大倡议，得到国际社会的高度关注。2015 年 3 月，中国政府发布《推动共建丝绸之路经济带和 21 世纪海上丝绸之路的愿景与行动》，提出“一带一路”建设是开放的、包容的，欢迎世界各国和国际、地区组织积极参与，得到了国际社会的广泛认同与积极响应。

能源是人类社会发展的重要物质基础，攸关各国国计民生，加强“一带一路”能源合作有利于带动更大范围、更高水平、更深层次的区域合作，促进世界经济繁荣，这是中国与各国的共同愿望。为推进“一带一路”建设，让古丝绸之路在能源合作领域焕发新的活力，促进各国能源务实合作迈上新的台阶，中国国家发展和改革委员会和国家能源局共同制定并发布《推动丝绸之路经济带和 21 世纪海上丝绸之路能源合作愿景与行动》。

一、全球能源发展形势

当今世界能源形势正发生复杂深刻的变化，全球能源供求关系总体缓和，应对气候变化进入新阶段，新一轮能源科技革命加速推进，全球能源治理新机制正在逐步形成，人人享有可持续能源的目标还远未实现，各国能源发展面临的问题依然严峻。

加强“一带一路”能源合作旨在共同打造开放包容、普惠共享的能源利益共同体、责任共同体和命运共同体，提升区域能源安全保障水平，提高区域能源资源优化配置能力，实现区域能源市场深度融合，促进区域能源绿色低碳发展，以满足各国能源消费增长需求，推动各国经济社会快速发展。

当前，中国能源与世界能源发展高度关联。中国将持续不断地推进能源国际合作，深度融入世界能源体系。加强“一带一路”能源合作既是中国能源发展的需要，也是促进各国能源协同发展的需要，中国愿意在力所能及的范围内承担更多的责任和义务，为全球能源发展作出更大的贡献。

二、合作原则

（一）坚持开放包容。各国和国际、地区组织均可参与“一带一路”能源合作，加强各国间对话，求同存异，共商共建共享，让合作成果惠及更广泛区域。

（二）坚持互利共赢。兼顾各方利益关切和合作意愿，寻求利益契合点和合作最大公约数，各施所长，各尽所能，优势互补，充分发挥各方潜力，实现共同发展。

（三）坚持市场运作。遵循市场规律和国际通行规则开展能源合作，充分发挥市场在资源配置中的决定性作用和更好发挥政府作用。

（四）坚持安全发展。加强沟通，增进互信，提高能源供应抗风险能力，共同维护国际能源生产和输送通道安全，构建安全高效的能源保障体系。

（五）坚持绿色发展。高度重视能源发展中的环境保护问题，积极推进清洁能源开发利用，严格控制污染物及温室气体排放，提高能源利用效率，推动各国能源绿色高效发展。

（六）坚持和谐发展。坚持能源发展与社会责任并重，重视技术转让与当地人员培训，尊重当地宗教信仰和文化习俗，积极支持社会公益事业，带动地方经济社会发展，造福民众。

三、合作重点

我们倡议，在以下七个领域加强合作：

（一）加强政策沟通。我们愿与各国就能源发展政策和规划进行充分交流和协调，联合制定合作规划和实施方案，协商解决合作中的问题，共同为推进务实合作提供政策支持。

（二）加强贸易畅通。积极推动传统能源资源贸易便利化，降低交易成本，实现能源资源更大范围内的优化配置，增强能源供应抗风险能力，形成开放、稳定的全球能源市场。

（三）加强能源投资合作。鼓励企业以直接投资、收购并购、政府与社会资本合作模式（PPP）等多种方式，深化能源投资合作。加强金融机构在能源合作项目全周期的深度参与，形成良好的能源“产业＋金融”合作模式。

（四）加强能源产能合作。我们愿与各国开展能源装备和工程建设合作，共同提高能源全产业链发展水平，实现互惠互利。开展能源领域高端关键技术和装备联合研发，共同推动能源科技创新发展。深化能源各领域的标准化互利合作。

（五）加强能源基础设施互联互通。不断完善和扩大油气互联通道规模，共同维护油气管道安全。推进跨境电力联网工程建设，积极开展区域电网升级改造合作，探讨建立区域电力市场，不断提升电力贸易水平。

（六）推动人人享有可持续能源。落实 2030 年可持续发展议程和气候变化

《巴黎协定》，推动实现各国人人能够享有负担得起、可靠和可持续的现代能源服务，促进各国清洁能源投资和开发利用，积极开展能效领域的国际合作。

（七）完善全球能源治理结构。以“一带一路”能源合作为基础，凝聚各国力量，共同构建绿色低碳的全球能源治理格局，推动全球绿色发展合作。

四、中国积极行动

我们将依托多双边能源合作机制，促进“一带一路”能源合作向更深更广发展。

建立完善双边联合工作机制，研究共同推进能源合作的实施方案、行动路线图。充分发挥双边能源合作机制的作用，协调推动能源合作项目实施。

积极参与联合国、二十国集团、亚太经合组织、上海合作组织、金砖国家、澜沧江—湄公河合作、大湄公河次区域、中亚区域经济合作、中国—东盟、东盟与中日韩、东亚峰会、亚洲合作对话、中国—中东欧国家合作、中国—阿盟、中国—海合会等多边框架下的能源合作。

继续加强与国际能源署、石油输出国组织、国际能源论坛、国际可再生能源署、能源宪章、世界能源理事会等能源国际组织的合作。

积极实施中国—东盟清洁能源能力建设计划，推动中国—阿盟清洁能源中心和中国—中东欧能源项目对话与合作中心建设。继续发挥国际能源变革论坛、东亚峰会清洁能源论坛等平台的建设性作用。

共建“一带一路”能源合作俱乐部，为更多国家和地区参与“一带一路”能源合作提供平台，增进理解、凝聚共识。扩大各国间能源智库的合作与交流，推动各国间人才交流和信息共享。

五、共创美好未来

推动“一带一路”能源合作是中国的倡议，也是各国的利益所在。站在新的起点上，中国愿与各国携手推动更大范围、更高水平、更深层次的能源合作，并欢迎各国和国际、地区组织积极参与。

中国愿与各国一道，共同确定一批能够照顾各方利益的项目，对条件成熟的项目抓紧启动实施，争取早日开花结果。

“一带一路”能源合作是互尊互信、合作共赢之路。只要各国携起手来，精诚合作，就一定能够建成开放包容、普惠共享的能源利益共同体、责任共同体和命运共同体。

致　谢

本书稿是在我博士论文的基础之上修改而成。读过博士的人都知道博士研究生的学习经历是一个漫长和艰辛的过程，但是至今我仍无悔于当初的选择和坚持，因为“人生就是一个经历的过程”，在这一过程中我又结识了诸多良师益友；我又学到了很多知识与技能；我又见识了许多人间冷暖……这些均当是我人生中宝贵的财富，给我以启迪和智慧，待我去回忆和品味。其中，最令我难忘的经历是来到了美丽的比利时安特卫普大学留学，虽然远离父母家乡，但这样一个慢节奏的国家给我带来了无比的宁静，使我有了更多的反思和思索。

博士论文的写作是一个希望与迷茫交织、忧愁与兴奋并存的过程。从最初“天比心高”的选题，到后来“痛苦与快乐”的写作过程，再到现在“庆幸与失落”并存的完稿 —— 真是一种历练，说是一种修行也不为过。当然，论文的完稿意味着二十多年艰辛与曲折的求学生涯也即将结束。此时，我心中除了感慨之外，最多的就是感激：

感谢导师曾文革教授 —— 承恩师不弃，纳入师门。导师严谨的治学态度、渊博的知识、无私的奉献精神均使我深受启迪。从导师身上，我不仅学到了扎实、渊博的专业知识，也学到了谦虚、务实的做人道理。论文的研究工作更是在导师的精心指导和悉心关怀下完成的。在我的学业和论文的研究工作中，甚至在平常的生活中无不倾注着导师辛勤的汗水和心血。在此我要向恩师致以最衷心的感谢和深深的敬意！

感谢一路走来的恩师 —— 从牙牙学语到略识经纬，从天真无邪到日渐成熟，这其中都汇集着从小到大各位“传道、授业、解惑”的老师们的心血，是你们辛勤、无私的培养，促成了我一天天的成长，虽然我们疏于联系，但我心中一直非常感谢你们，祝你们工作顺利、身体健康！

感谢肝胆相照的朋友 —— 朋友永远是我们心中最温暖的部分，可能由于性格所致，我没有能力广交天下之友，但最令我欣慰的是身边仍有一些不离不弃的老友。平日里和你们朝夕相伴，面对困难时你们无私帮助，快乐来临时你们慷慨分享，那些难忘的时光均构成了我心中美丽的画面。谢谢你们！人生路上真的很幸运有你们相伴！

感谢任劳任怨的父母 —— 父母一直是我心中最沉重的部分，均为农民的二老，能够于我供给至今，其中的艰辛与不易，除了自己，别人肯定不能理解甚至想象。连续求学道路的选择，不仅加重了父母经济的负担，也使他们承受了巨大的心理压力，对此我感到深深的内疚和自责，唯希望通过以后加倍的努力给予回报！

最后，我衷心地感谢本论文的开题专家、预答辩专家、评审专家、答辩委员会专家以及为本论文的写作提供了帮助与指导的各位老师和朋友，你们高屋建瓴的指导、真诚中肯的建议以及聪慧睿智的提醒均促进了本文的完善。

博士毕业后，重新修订论文以待付梓出版，心中感慨油然而生：想起了在山城的点点滴滴、想起了这些年的是是非非……真切感受到“唯有不忘初心、才能方得始终”。愿我们每个人在追求自我、奉献社会的道路上继续砥砺前行，取得新的成就。

孙　健

初稿　二〇一五年　山城 · 重庆

修改　二〇二三年　金城 · 兰州

图书在版编目（CIP）数据

“一带一路”背景下WTO能源贸易规则研究 / 孙健著
. -- 北京 : 中国法制出版社, 2023.12
（“一带一路”法律保障研究丛书 / 许传玺主编）
ISBN 978-7-5216-4097-7

Ⅰ. ①一… Ⅱ. ①孙… Ⅲ. ①世界贸易组织—能源经济—国际贸易—贸易法—研究 Ⅳ. ①D996.1

中国国家版本馆CIP数据核字(2024)第029323号

责任编辑　卜范杰　　　　封面设计　杨泽江

“一带一路”背景下WTO能源贸易规则研究

“YIDAIYILU” BEIJING XIA WTO NENGYUAN MAOYI GUIZE YANJIU

著者/孙　健

经销/新华书店

印刷/北京虎彩文化传播有限公司

开本/710毫米×1000毫米　16开　　　　印张/10　字数/153千

版次/2023年12月第1版　　　　2023年12月第1次印刷

中国法制出版社出版

书号ISBN 978-7-5216-4097-7　　　　定价:30.00元

北京市西城区西便门西里甲16号西便门办公区

邮政编码100053　　　　传真:010-63141600

网址:http://www.zgfzs.com　　　　**编辑部电话:010-63141673**

市场营销部电话:010-63141612　　　　**印务部电话:010-63141606**

（如有印装质量问题,请与本社印务部联系。）